A Thérèse…
Initiatrice et complice…

AVERTISSEMENT ORTHOGRAPHIQUE

Ces mots pour la plupart font partie du langage parlé, ils n'ont donc pas une orthographe précise et établie.

Ce manuel est le premier à fixer un tel vocabulaire, nous laissons donc à l'auteur le choix de l'écriture.

Publié avec le concours de Nanar

A L'USAGE DU LECTEUR

La réimpression de ce lexique – d'une étonnante actualité – volontairement humoristique, caustique, ironique, satirique et explicatif, ne souhaite heurter personne, car son objectif premier est de dérider les lecteurs en leur procurant un moment de détente qui permettra (peut-être) d'oublier les soucis de la vie quotidienne. Le rire ne peut se faire qu'avec l'aide volontaire ou involontaire des autres et ils ont été largement sollicités...

L'éditeur laisse à l'auteur la responsabilité de ses affirmations, et pour les plus corrosives (qui en fait expriment tout haut ce que tout le monde pense tout bas) nul doute que l'intelligence et le bon sens des personnes et institutions à qui elles s'adressent leur permettra de comprendre qu'il s'agit là de pures plaisanteries ; s'il advenait qu'elles ne soient pas perçues en ce sens, elles donneraient probablement raison au malicieux et énigmatique vocabuliste.

Andolfi COUCOUGNOUS-CASSADE

LE PARLER
DU
MIDI

NIMES
C. LACOUR, EDITEUR
Place des Carmes - 25 bd amiral Courbet

A

A MAIL – loc. – Usité pour approuver ce que vient de dire son interlocuteur. Exemple : "Je trouve qu'il fait un temps splendide pour aller à la chasse... *A mail*, j'irais bien aussi !" Cette locution peut être accompagnée d'un hochement de tête approbatif...

AS BEGU – expression – Il a bu ! Constatation qu'un verre a bien été vidé et ingéré. *Bonum vinum Laetificat cor hominis* (Le bon vin réjouit le cœur de l'homme !).

ACANTOUNER – verbe – Se mettre à l'aise, avec une nuance qui témoigne d'un certain plaisir.

ACATER – verbe – Se tapir, attitude du chat qui s'*acate* pour traquer le souriceau. Par extension position de celui qui attend son heure ou sa revanche, le proverbe arabe : "Assieds-toi au bord du fleuve et tu verras un jour passer le cadavre de ton ennemi" en est l'homologue proche-oriental.

ACCABA – part. – Fini, j'ai fini. Certains spécialistes de l'*accaba*, n'en finissent plus avant de commencer...

ACOL – s.m. – Terme typiquement cévenol, usité aussi dans le Bas-Vivarais. L'*acol* est une bande de terre jadis cultivée, soutenue par un petit mur ; plusieurs *acols* forment ainsi une végétation étagée. L'ensemble crée artificiellement par un apport de bonne terre, montée à dos d'homme, d'âne, ou de mulet voyait pousser, le blé, l'orge, le seigle, la pomme de terre ou la treille de klinton. Synonyme : *Faïsse - Barre*.

ACONASSI – Se dit de quelqu'un que l'on croit dérangé mentalement. L'*aconassi* n'est pas né ainsi, il l'est devenu parfois naturellement, parfois grâce à l'aide et (surtout) aux conseils précieux d'autres *aconassis*. Nous sommes là en présence d'une durable chaîne confraternelle qui perdurera *in saecula saeculorum* (dans les siècles des siècles).

AGANTER – verbe – Attraper : je me suis fait *aganter* par la gendarmerie et je suis bon pour une contredanse...

AGASSIN – s.m. – Double emploi suivant les régions. Peut être employé pour qualifier les doigts de pieds ou parfois les corps aux pieds.

AÏGUE – s.f. – Eau ; boire un bon coup d'*aïgue*, bien fraîche. Mot presque suranné avec l'arrivée vineuse des Costières. Liquide néanmoins encore utilisable... Expression : Tirer de l'*aïgue* - être fatigué – épuisé.

AÏGUE-BOULIDA – s.f. Eau bouillie. Comme son nom l'indique il s'agit d'eau bouillie avec une gousse d'ail, dans laquelle on a piqué quelques clous de girofle, et une feuille de laurier-sauce, que l'on verse sur quelques croûtons de pain, une cuillerée d'huile d'olive et du gruyère ; saler, poivrer et... déguster quelques heures après un repas trop copieux ou le matin au petit déjeuner.

AÏGUETTE – s.f. – Petite eau. "Ton café c'est de l'*aïguette*."

ALAMBIC – s.m. – Insecte vorace plus petit de taille qu'un moustique, qui tient agréablement compagnie aux vendangeurs en les dardant de piqûres. Presque invisible et doué d'une remarquable et gloutonne efficacité, il est l'hôte de nos vignobles les plus réputés... Synonyme : *Archis.*

AMALUGUER – verbe – Se cogner . Je me suis *amalugué* à la table.

AMOUSSER – verbe – Éteindre. *Amousser* une bougie, ou un feu.

ANNADE – s.f. – Année.

ANDOLFI (l') – "As-tu vu l'*Andolfi* à Paris ?" revient à dire en jargon militaire aux nouvelles recrues : "Allez me chercher la clef du champ de tir !" A ce jour on cherche toujours l'*Andolfi* ! Utilisé le plus souvent dans la région marseillaise, cette expression fit les délices des dialogues de Pagnol.

AOUQUE – s.f. – Oie.

API – n.m. – Cèleri ; utilisé aussi à la sauce insultante avec l'onctueux quolibet : tronche d'api ou tête de cèleri.

AQUO (qu') – locution – Que ça. Elle ne perd pas tant le Nord qu'*aco* ! Interrogation : *De que es aquo* (qu'est-ce que c'est ?)

ARCANETTES – p.f. – Avoir le sang qui monte à la tête et la coloration qui en découle, sous l'impulsion des prémisses d'une colère. Dans le Midi on a souvent les *arcanettes*, le tempérament et le climat aidant ! Ne pas confondre avec le

11

teint rouge d'un touriste nordiste qui prend une avalanche de rayons ultraviolets.

ARCHIS – Insecte piqueur voir à *Alambic*.

AMAÏRI – adjectif – Enfant qui ne peut pas quitter les jupes de sa mère.

ARMAS – s.m. – Terrain en friche où ne croît qu'une végétation inutile. Pour qualifier quelqu'un de fainéant on peut lui sortir cette belle phrase : "Tu ne fais pousser que des *armas*". Par les temps qui courent les docteurs ès-*armas* sont légion !

ARRASPER – verbe – Attraper, courir après. *T'arraspera io* : je t'aurais.

ARUGUE– s.f. – Chenille processionnaire. Les *arugues* se remarquent encore dans les Cévennes en formant leur traditionnelle et curieuse procession au printemps.

B

BABALOULÈ – s.f. – Personne qui pratique l'art du commérage avec dextérité. Incapable d'être discrète la *babaloule* alimente les rumeurs et les conversations. Indispensable pour les inactifs elle est la télévision des angles de rues où elle brandille allègrement.

BADIBOFFIS – p.m. – Parties génitales de l'homme. Expression : "J'ai les bras comme des *badiboffis*", par allusion à l'enflure des bras sous l'aide d'un dur effort.

BAGNAT – participe – Mouillé. Cuisine : le pain bagnat est un dessert (délicieux et peu onéreux) à base de tranche de pain trempé dans du lait et du jaune d'œuf ; griller et sucrer.

BAIGNE – f.s. – Griffe, coup. Je vais te coller une *baigne*. Sport couramment pratiqué sur les enfants turbulents ; peut être aussi administré aux plus grands avec succès.

BAJANA – s.m. – Soupe de châtaignes (entières) au lait. Aliment de bien des générations de Cévenols qui n'avaient bien souvent pour nourriture énergétique que le *bajana* et un morceau de lard. Réservé aux inconditionnels de la châtaigne.

BANASTE – s.f. – Panier d'osier indispensable aux gens de la terre. Qualificatif donné par dérision à des personnes dotées d'un superbe crétinisme.

BANUS – s.m. – Dérivé de *banes* (paire de cornes), le *banus* porte sur sa tête les cornes symboliques qui traduisent l'infidélité conjugale de son épouse.

BAOU – s.m. – Fou ; il est complètement *baou*. Synonyme : *fadat*.

BAOUQUE – s.f. – Herbe fine qui pousse le long des murs ou des allées.

BARAQUE – s.f. – Maison en mauvais état dont le confort et la salubrité laissent à désirer. Employé aussi pour désigner un abris de jardin destiné aux outils et à la sieste du jardinier. Parfois construite en "traverses" de chemin de fer. Synonyme : *Cabanon*. Anatomie : Sexe de la femme.

BARBAQUE – s.f. – Mauvaise viande dont la dureté n'a d'égale que les sabots cévenols.

BARBASTE – s.f. – Gelée blanche. Composante visuelle d'un beau paysage hivernal.

BARIOTTE – s.f. – Petit charriot de fortune, bricolé par son propriétaire (proche de l'indigence) à qui il rend de grands services. La *bariotte* peut être attelée à un vélo.

BARJABOUDRE – verbe – Parler et dire n'importe quoi. Parler à tort et à travers. Ce verbe possède encore un grand avenir devant lui, malgré une notable ancienneté. C'est probablement dans le sérail de la presse (toutes orientations confondues) que l'on rencontre le plus de *barjaboudres* – écrivailleurs – noircisseurs de papier et autres griffonniers.

BARJIQUER – verbe – Dire n'importe quoi, bavasser ; les récents travaux du professeur Populi, philosophe et sociologue, attestent que les plus beaux "barjiqueurs" sont les hommes politiques. Incroyable révélation ! Qui pourrait encore ne pas y croire ? Les métaphysiqueurs ne sont pas les payeurs. *O Tempora ! O mores !* (Ô temps ! Ô mœurs !)

BARJOLER – verbe – Bercer ou cajoler un enfant. Les mamans et ou mamy *barjolent* les petits à en enlever le vernis des joues.

BAROULER – verbe – Rouler, tourner dans tous les sens. Se dit de quelqu'un qui ne reste pas en place. Nos épouses sont d'impénitentes *barouleuses*, vitrines de magasins obligent. *Baroulaïre* : celui qui *baroule* (utilisé indifféremment au masculin comme au féminin).

BARRA – verbe – Fermer (une porte).

BARRE – s.f. – Voir *Acol*.

BARTAS – s.m. – Grosse touffe d'herbe, pièce de terre non entretenue. Il arrive fréquemment que nos édiles se préoccupent plus de leur gloriole personnelle et investissent en ce sens "déplaçant" ainsi les budgets nécessaires à l'entretien des monuments qui deviennent émaillés de *bartas*. Variante : *Fourrés*.

BARTASSER – verbe – Aller dans les bartas pour faire sortir et chasser le gibier. Si le gibier est un bipède à poil, cela signifie amener une jeune fille dans un endroit où on pourra lui faire admirer les feuilles à l'envers. Malgré nos actuelles contraintes sociales nous possédons encore le privilège d'herboriser à loisir.

BASSEGER – verbe – Embêter, déranger, ennuyer. "Avec ses crucheries il me *bassège*".

BASSELER – verbe – *Basseler* un lit. Chauffer un lit.

BASSEOU – s.f. – Battoir pour le linge. Ustensile d'une grande utilité pour corriger les maris infidèles, *argumentum baculinum* (argument du bâton !)

BASSINER – verbe – Excéder, fatiguer, irriter quelqu'un. "Écoutez les geignards et ils ne vont pas tarder à vous excrucier*"

* Tourmenter, affliger vivement.

BATUDE – s.f. – Demi-journée de travail.

BÈBE – s.f. – Faire la bèbe ; faire la gueule. Prenez le métro et constatez... ou observez l'attitude du contrevenant après lecture du traditionnel procès-verbal.

BEDIGUAS – s.m. – Se dit d'une personne bête et d'une grande naïveté. Race protégée par les juristes mais curieusement pas en voie de disparition. Féminin : *Bédiguasse.*

BEDIGUE – s.f. – Mouton, quadrupède éminemment fonctionnel apprécié en tryptique : Laine - Lait - Viande. Ne pas confondre avec le "mouton bipède" qui ne possède aucune de ces trois richesses et une pléiade de défauts.

BELUGUE – s.f. – Étincelle. "En soudant je me suis brûlé avec des *bélugues.*"

BEN – interjection – Très curieux mot qui se place en tête de phrase, pour affirmer ou constater : *"Ben,* je trouve qu'il n'aurait pas dû te parler sur ce ton." Ou employé dans un sens approximatif : "Quelle chaleur !" Réponse : *"ben !* " ou aussi : *"à mail"* (voir ce mot).

BERTOUL – s.m. – Panier. Terme cévenol. Le *bertoul* est l'outil indispensable quand on ramasse les petites glanes locales : champignons, fruits, fromages et parfois pour porter le matinal déjeuner (tant attendu) arrosé du transcendental klinton.

BESAU (prononcer BESAOU) ·– s.m. – Petit ruisseau d'irrigation qui alimente les villages cévenols. "J'ai tombé la "tomme" dans le *besau*" avait déclaré la petite fille !

BESINGOGNE – s.m. – Une chose, un truc, un bidule ; mot charmant pour qualifier un objet dont on ne connaît pas le nom. Le *besingogne* peut être curieux ou insolite.

BESSEGUER – verbe – Manger peu, au sens de picorer ; alimentation insuffisante d'une personne. "Quel fricasseur, je préfère *besseguer*".

BESTIASSE – adj. – Grosse bête. Utilisé aussi sur un ton affectif face à une personne que l'on aime et qui fait la forte tête : "Allez je te pardonne, *bestiasse* va !"

BEZUQUET – s.m. – Sexe du bébé. Terme également employé pour constater qu'une personne mange peu, ou par manque d'appétit. "Il ne mange rien, il *bezuque...*"

BIASSE – s.f. – Mot cévenol. Voir *Bistrouille*.

BIAU – s.m. – Taureau. Lors des abrivades ou courses de taureaux, on lâche le *biau* dans les rues. On l'interpelle alors en vocalisant de puissants "*biau ! biau !*" et l'on pousse la vaillantise à lui courir après.

BIDON – neutre – Faux-semblant. "C'est *bidon*, c'est du *bidon*".

BIGOT – s.m. – Bêche à deux dents plus ou moins longues (pouvant atteindre farfois 40 cm). Le *bigot* cévenol est encore employé pour les travaux de la terre. L'origine de ce mot est fort ancienne. Par ailleurs le terme s'emploie aussi péjorativement en parlant d'une personne animée d'une grande religiosité (pilier d'église et de sacristie ou grenouille de bénitier...)

BIOU – s.m. – Taureau. Bien sûr le terme s'applique aussi aux taureaux "étrangers" mais il convient mieux à ceux de Camargue.

BISTROQUET – s.m. – Petit bistrot où il fait bon buvotter un noir ou un jaune, c'est le lieu abhorré des gros bourgeois ou nouveaux riches parce que trop populaire.

BISTROUILLE – s.f. – Nourriture. Plat préparé, légère nuance discriminatoire sur la valeur et la qualité réelle du plat. Populairement : le repas. Synonyme : *Biasse*.

BITURE – s.f. – Excès d'alcool, état d'ébriété, prendre une *biture*. Synonyme : *Cuite*. Commencer à confondre le Rhône et le Vistre.

BOS – s.m. – Bois, rien à voir avec celui dont cn fait les flûtes, pour ce dernier consulter dans le Larousse la définition du contribuable.

BOUDIFFLE – s.f. – Voir *Boufignolle*.

BOUDIOU ou **BOUDIEU** – Exclamation chère à notre Midi, devenue légende. On exprime sa surprise par un savoureux et consommé *boudiou*.

BOUFARELLE – s.f. – Petite fille qui mange peu et sans arrêt. Il arrive fréquemement que les *boufarelles* deviennent adultes, on les rencontre alors dans les lunchs, vernissages et autres "boufferies" (où l'on s'occupe plus de sa panse que du motif de l'invitation) chuintant quelques phrases insipides.

BOUFFAÏRE – s.m. – Terme de chasse. Jeune lapin.

BOUFIGNOLLE – s.f. – Une cloque, une bosse, à la suite d'une brûlure ou d'un coup. Autre version : *Boussignole*. Synonyme : *Boudifle*.

BOUFIGUE – s.f. – Avoir les *boufigues*, ou avoir les *bouffes*. Être énervé, inquiet, contrarié. "Je viens de recevoir ma feuille d'impôt, j'ai les *boufigues*." Les *bouffes* s'accompagnent toujours d'un teint rosé du visage.

BOUGNAT – s.m. – Paysan rustre et grossier.

BOUGNE – s.f – Tache. "Cet individu n'est pas net, il est plein de *bougnes*." Diminutif : *Bougnettes* (petites taches). La *bougne* reste l'inséparable compagne des chemises blanches ; la sauce tomate est la meilleure composante de la *bougne* qui oblige le port du drap sur le thorax.

BOUILLE – neutre – Jeu que l'on pratique avec des billes dans une tranche de vie où les soucis quotidiens sont résolus par la douceur protectrice d'un papa et d'une maman.

BOUISSOU – s.m. – Buisson.

BOULARD – s.m. – Homme têtu et obstiné. Quel *boulard* ! Certains politiques sont de parfaits *boulards* ils défendent leurs idées, nous les imposent, et *in fine* nous adressent la facture.

BOULEGUER – verbe – S'agiter, bouger fréquemment. Durant les fêtes de Noël et du Jour de l'An, le tireur du jeu de loto est invité à *bouleguer* les numéros par de toni-truants : *boulègue* (avec l'accent s.v.p.) Le "jaune" aidant les "boulègue" sont de plus en plus présents, le taux d'alcool dans le sang aussi.

BOUMIAN – s.m. – Personne mal vêtue, qui se déplace sans cesse de villes en villes, marginale et rejetée par la société dite bien pensante. Synonyme : *caraque*.

BOURBOUILLADE – s.f. – Épinard. Salade des champs.

BOUSCAS – s.m. – Bâton, qui est en fait un rejet de châtaignier. La thérapeutique du bouscas consiste à administrer à celui qui le mérite une bonne "giclée de *bouscas*", sur le bas des reins. Exception faite de cet acte médico-moral il est plus couramment employé comme bâton de marche.

BOUSTIFAILLE – s.f. – Le manger, la nourriture ; plus particulièrement usité en Cévennes la *boustifaille* fait les délices des pique-niques familiaux ; elle compose le déjeuner du travailleur de force dont l'épouse ou la mère amènent le *bertoul* (panier) garni d'un nécessaire reconstituant. Synonyme : *Mangeaille*.

BOUT – s.m. – N'allez donc pas croire qu'il s'agit du terme bien connu. Le *bout* est un individu demeuré, donc idiot, cousin germain du *fadat*, dont il ne possède pas "l'action", le *bout* est larvaire. Nous ne connaissons pas de féminin au *bout*. Carence ou réalité ?

BOUZIGUER – verbe – Tripoter un objet sans but précis. Occupation favorite du bambin ou du "ranconneur" émérite...

BRACEGER – verbe – Grands mouvements de bras.

BRAFFAÏRE – s.m. et s.f.– Sous-groupe de bringueur, le (ou la) *braffaïre* est un amateur glouton de nourriture, à tendance boulimique. Néanmoins, cette fort dommageable attitude (pour ceux qui paient) ne l'empêche pas d'apprécier la qualité des plats proposés.

BRAFFER – verbe– Voir à *braffaïre*. Notons que le verbe possède une connotation plus péjorative. Celui qui *braffe*, avale brutalement sans savourer. Insulte à Lucullus garantie !

BRAILLES – p.f. – Pantalon. Un des mots les plus prononcés dans notre cher vocabulaire du soleil. Perdre ses *brailles*, porter une *braille* pour exprimer que la pantalon en question ne fut pas taillé par un couturier hors-pair. Le fleuron demeure à travers l'expression familière : *"caguer dans ses brailles"* ; le schéma de cette situation illustre bien l'état de frayeur et d'angoise du participant. Dérivé : la *braillasse* qui est la *braille* des brailles ! le *nec plus ultra* en ce domaine.

BRAMAÏRE – s.f. et s.m. – Celui qui pleure. Le petit enfant qui pleure est un *bramaïre*.

BRAMARELLE – s.f. – Petite fille qui pleure pour un rien. Le terme devrait être élargi à la majorité de geignards politiques qui envahissent de façon intempestive notre vie quotidienne. Heureusement une minorité convenable perdure...

BRAMER – verbe – Pleurer.

BRANDUSSER – verbe – Branler, faire la danse du brandou. Expression : *"Aï toujours quicon qui brandusse"* (il y a toujours quelque chose qui ne va pas).

BRANQUE – s.m. – Voir *Broque*.

BRASUCADE – s.f. – Châtaignes rôties ou l'art de passer une délicieuse soirée riche en vitamines, comme au bon vieux temps... Télévision exclue !

BRAVET – s.m. – Petit enfant, joli de visage qui attire une sympathie évidente. Le *"bravet"* peut être menu et donc attirer en sus une sollicitude touchante, légère connotation d'enfant sage. Féminin : *bravette*. Diminutif : *bravounet*, *bravounette*.

BRAVOUNET(ETTE) – s.m. - s.f. – Un petit garçon et une petite fille sont *bravounets*, au sens de dociles, sages, obéissants.

BRIC ET DE BROC (de) – expression – Construction élaborée de façon anarchique et composée de matériaux variés et sans grand rapport les uns avec les autres. Employée aussi pour décrire la vie incohérente d'un individu.

BRICANCOULLE – s.f. – Petite chose sans grande valeur. "Mon grenier est plein de *bricancoulles*." Synonyme : *Bricoles*.

BRINGUE – s.f. – Grande fille, longue, souvent laide ; parfois employé pour un garçon. Fortement péjoratif le terme possède un soupçon de nuance un peu folle. Variante : faire la *bringue* (voir *bringuer*).

BRINGUER – verbe – Faire la fête. Danser, boire, manger et autres coquineries, le *bringueur* chevronné brûle en général la chandelle par des deux bouts (lorsqu'un état chronique s'instaure). Faire la *bringue*.

BRINGUEUR – s.m. – Voir *bringuer*.

BRINGUEUSE – s.f. – Voir *bringuer*.

BROQUE – s.f. – Sens initial : branchettes pour bois de chauffage. Au sens péjoratif se dit d'une personne dont le comportement quotidien et la moralité tendent vers un laisser aller évident. Homme de peu de valeur. Variante : *Branque*.

BROUNCA – s. – Trébucher.

BUGADIERE – s.f. – Lavandière.

BUGNER – verbe – Toucher, heurter. "Quelle histoire, j'ai *bugné* la voiture." Dérivé : *Bugne* : coup, chute, prendre une *bugne*.

BURNES – p.f. – Partie essentielle de l'anatomie de l'homme, fort utile pour le plaisir ou la reproduction. L'expression : "Il me casse les *burnes*" laisse augurer une tracasserie évidente presque intraduisible. Synonymes : *Roubignolles - Roustons - Roupettes*.

C

CABELLE – s.f. – Chienne.

CABOURDE – s.f. – Femme folle. "Elle vient de me griffer, elle est complètement *cabourde*."

CABRE – s.f. – Chèvre. Péjoratif : fille ou femme d'une incontournable stupidité. "Quelle *cabre !*"

CABUCELLE – s.f. – Couvercle de casserole ou de marmite. Désigne péjorativement la tête d'une personne. Variante : *Cabussel - Cabusseau.*

CABUS – s.m. – Plongeon -Chute. "J'ai glissé sur une peau de banane et j'ai fait un *cabus*."

CACAHUETTE – s.f. – Petite automobile de faible puissance, plus proche de la bande dessinée que de sa fonction véritable. Anatomie : testicules.

CACAILLE – s.f. – Objets de peu de valeur. Les *cacailles* embarrassent les caves ou les greniers, mais elles sont les palaces des araignées et autres petits animaux.

CACALAS – p.m. – Grands éclats de rire. Ce mot est la résultante de la fine observation du paysan qui entre ramasser les œufs dans son poulailler, ses poules lancent alors de vigoureux *cacalas*. Il en est de même dans de nombreux commerces ou administrations où le client doit attendre le crépuscule des *cacalas*.

CADOULE – s.f. – Serrure.

CADEOU – s.m. – Petit chien, chiot.

CADIERE – s.f. – Chaise. Hautement indispensable pour s'attabler à la terrasse d'un café sur les coups de midi et savourer son pastis pendant que les autres travaillent encore. Synonyme : *Chirière*.

CADRAN – s.m. – Horloge.

CAFFALO – s.m. – Se dit d'une personne peu crédible et irresponsable. "Il est incapable de gérer son entreprise, c'est un *caffalo*". Le triumvirat *Caffalos* - clients (mauvais payeurs) et Etat (qui ponctionne) génère la situation actuelle de crise ; point n'est besoin d'aller chercher plus loin...

CAGADOU – s.m. – Cabinet campagnard et bucolique. Le *cagadou* sent l'odeur du thym et de la lavande, moins confortable que le classique wc, il autorise toutes les fantaisies.

CAGAÏRE – s.m. – Qui a fréquemment une obligation impérieuse de poser culotte pour satisfaire un besoin naturel et parfois sans se préoccuper de l'endroit où il se trouve.

CAGANIS – s.m. – Se dit du dernier né d'une portée de lapin. Par extension le petit dernier d'une famille nombreuse. Variante : *Caguenis*.

CAGUADE – m.s. – Provient du verbe bien connu. Désigne une erreur ou une bêtise.

CAGUAGNE – s.f. – Diarrhée. Conséquence scatologique de celui qui a peur. Ce terme est usité aussi pour décrire la malchance liée à une situation.

CAGUAROLLES – Escargots. Délicieux mollusques savoureux à déguster en sauce persillée ou à la tomate. Aliment hautement nutritif pour engraisser rapidement les canards.

CAGUER – verbe – Satisfaire un besoin naturel ; ce mot prolifique engendra de nombreux dérivés puissamment symboliques et révélateurs. Expressions : "Faï *cagua* ou me faï *cagua*" (traduction inutile) - "Le diable l'a *cagué* en chemin" (pour parler d'un enfant ou d'une personne turbulente).

CAGUOLES – p.f. – Broutilles, choses ridicules et superficielles. "Nous n'allons pas nous disputer pour des *caguoles*."

CAILLASSE – s.f. – Pierre dure. "Ce terrain ne vaut rien c'est de la *caillasse*". Variante : *caiou* : caillou.

CAILLE – verbe se **CAILLER** – "Il *caille*" (il fait froid).

CALOS – s.m. – Grosse pièce de bois ou de métal, s'utilise parfois pour un animal afin de décrire sa forte taille. Anatomie : sexe de l'homme.

CALOTTE – s.f. – Une gifle. Sport pratiqué à une main avec énergie, qui ne nécessite pas une préparation physique préalable. Les enfants en sont les principaux participants, pardon, les principales victimes !

CALUD – s.m. – Fou, inconscient. Ce qualificatif est l'un des plus souvent nommé dans le langage quotidien. A travers diverses nuances il peut s'adapter au chauffard automobile qui roule à tombeau ouvert, au forçat du travail (quand il y en avait encore) et à son concurrent direct : le *fadad*. Féminin : *calude*.

CAMBAJON – s.m. – Jambonneau. Fort goûté dans l'art culinaire, une extension gourmande et peut-être obsessionnelle attribue aux femmes qui ont de belles cuisses, le qualificatif de *cambajon*.

CAMBALASSE – neutre – Avoir les jambes fatiguées après une journée éreintante. "Je reviens de la chasse, j'ai les *cambalasses*."

CAMBALUD – s.m. – Jeune poulet, qui donne l'apparence d'avoir des pattes démesurées par rapport à son corps. On compare souvent un homme de grande taille à un *Cambalud*. Expression : "Se faire prendre comme des poulets" (se faire prendre facilement).

CAMBE – s.f. – Jambe. Variante : *Cambasse* (grosse jambe). Se dit d'une femme qui ne possède pas de belles jambes et dont la morphologie est plus proche du poteau télégraphique que des membres tant appréciés.

CAMIN – s.m. – Chemin.

CAMISE – s.f. – Chemise.

CANON – s.m. – Boire un *canon* ou boire un verre de vin. Le *canon* réconforte et reconstitue, il "donne du sang" et de surcroît inviter quelqu'un à le boire est un geste d'amitié.

Cultivons l'amitié ! *Bonum vinum lætificat cor hominis* (Le bon vin réjouit le cœur de l'homme).

CANTAÏRE – s.m. – Chanteur. En parlant d'un volatile prolixe en cris divers, ou d'une personne qui vocalise à longueur de journée.

CAOULET – s.m. – Chou.

CAOUQUER – verbe – Choisir.

CAOUSSON – s.m. – Chausson. Dérivé : *Caoussette* (chaussette).

CAPELAN – s.m. – Curé. Prêtre. Expression : "Faire le clerc et le *Capélan*" signifie jouer les hypocrites.

CAPEOU – s.m. – Chapeau. Au sens large, qualifie un chapeau insolite ou minable, somme toute : rigolo.

CARAQUE – s.f./s.m. – Bohémien qui parcourt les routes du Midi de la France. Autrefois on disait naïvement aux petits enfants turbulents : "Sois sage sinon la *caraque* va t'emporter !". Effet sédatif immédiatement constaté. Dérivé : *Caracouene* à tendance péjorative.

CARDOUMILLE – s.f. – Petit chardon. Expression affectueuse : ma petite *cardoumille*.

CARIOLE – s.f. – Petite charrette de fortune, traînée naguère par des indigents.

CARMETRAN – s.m. – Diable de Carnaval.

CARPAN – s.m. – Gifle. Synonymes : *Emplâtre, pegas*.

CARRIERE – s.f. – Rues. Il est vrai que par analogie les babaloules font *"carrière"* dans la rue.

CASCAILLER – verbe – Groupe de personnes qui parlent bruyamment et en même temps, semblables à des volatiles. "Ça *cascaille* dur chez les élus."

CASSAÏRE – s.m. – Chasseur. Personne qui chasse suivant les règles et lois en vigueur, et qui évite de tirer sur tout ce qui bouge par exemple : moineau ou lézard. Au sens péjoratif : pour désigner un chasseur de casquettes ou de *"quissous"*.

CASSE-BURETTE – Casse-pied (pour rester poli). Le *casse-burette* sévit sans distinction d'âge, de sexe, ou de situation sociale, formant une espèce courante et sans intérêt particulier.

CASSE-BURNES – p.m. – Personne ennuyeuse. Sens littéral : casse-testicules. Amusez-vous à dénicher autour de vous le *casse-burnes* de service il a parfois son utilité !

CASTAGNADE – s.f. – Echange de coups. Voir *Castagne*.

CASTAGNE – s.f. – Châtaigne. Par ailleurs la *castagne* est le sport ancestral cévenol, elle se pratique à mains nues avec comme échauffement préalable quelques rasades d'absinthe ou de klinton. Ce noble art toujours pratiqué trouve ses meilleurs championnats lors des sympathiques fêtes votives. Variante : *Castagnade*. Interrogation : le nom de famille Castanier représentait-il les maîtres d'armes de la *castagne* ? Tout porte à le croise à la lumière des connaissances de l'auteur. Lorsque maître Aliboron (l'âne) compte à deux – entendez par là qu'il fait une ruade – le seul remède pour le calmer est une poignée de châtaignes ! Expressions : "Je te prends à la *castagne*". "D'un gavot et d'une châtaigne méfie-t-en comme d'une *caguagne*". – Verbe : **CASTAGNER**.

CASTAGNETTES – p.f. – Parties sexuelles de l'homme. Expression : se geler les *castagnettes*.

CASTELET – s.m. – Petit château. A l'école : petit ensemble pyramidal formé de billes que les joueurs doivent atteindre par le jet d'une bille.

CATCHADURE – s.f. – Pincement de peau qui n'a pas entraîné de saignements, mais une ecchymose.

CATOUNE – s.f. – Petite cabane.

CATOUNIERE – s.f. – Trou percé dans le bas des portes pour laisser entrer et sortir les chats.

CEBETTE – s.f. – Jeunes oignons encore verts que l'on mange croque-sel ou accompagné d'un bout de petit salé avec une extase non dissimulée.

CEPOUNET – s.m. – Petit cèpe. La merveille des merveilles en la matière.

CERCON – verbe – Chercher.

CEUX (prononcer ceus) – Ancienne prononciation du mot par des personnes aux origines terriennes.

CHAMBOUL – s.m. – Chambardement, désordre. "Quel *chamboul* dans cette pièce, une chatte n'y retrouverait pas ses petits !"

CHARETON – s.m. – Petite charrette à deux bras tirée (ou poussée) par un "homme de peine" à l'époque où le syndicalisme était dans les limbes. – Le chareton solide et massif est toujours plus puissant que son conducteur attelé. Synonyme : *Careton.*

CHATAIGNER – verbe – Ramasser les châtaignes. Durant de longues heures, un bout de bois fourchu dans la main, et un sac de toile attaché à la ceinture on châtaigne. Pour un maigre résultat financier qui se transformera pour les revendeurs en une juteuse opération, le laborieux Cévenol a fort heureusement la délicieuse flèque mitonnée au feu de bois comme déjeuner. Indispensable pour garder le moral en pareilles circonstances !

CHIATIQUE – adj. – Qualificatif décerné à une personne particulièrement pénible à supporter. Le chiatique est un insatisfait permanent doublé d'un indéfinissable emmerdeur, comme la racine du mot l'indique.

CHICHOUILLER – Verbe – Faire des manières à table. Triturer, tourner, retourner, laisser partiellement la nourriture dans son assiette, provoquant ainsi l'irritation de la petite main qui s'est occupée du repas et de celui qui l'a sué.

CHOPER – verbe – Attraper. Couramment utilisé ce verbe possède un large emploi : "j'ai *chopé* la grippe. - J'ai *chopé*

un voleur en train de me dérober de la marchandise - J'ai *chopé* mon voisin à propos de notre dernière conversation."
_ "*Chope*-le !" : cri d'attaque du maître-chien qui dresse son molosse, à stimuler le sens civique et les mollets des délinquants.

CIGUOUGNER – verbe – Phonétiquement, un des plus amusants mots de notre vocabulaire employé avec délices par la grammairienne Thérèse. Agresser par des bavarderies ou tourner autour de quelqu'un, l'ennuyer ; le tracasser par des attitudes ou comportements idiots et insignifiants. "Je n'en peux plus, il me *ciguougne* toute la journée !"

CLAFFI – participe – "Ce chien est *claffi* de tiques" exprime la densité d'une telle situation ; situation ou constatation négative. "L'année écoulée j'ai été *claffi* de procès-verbaux".

CLAPAS – s.m. – Amas de pierres, provenant d'un mur en pierres sèches effondré ; souvent les lapins des garrigues nichent dans les *clapas*.

CLAVEL – s.m – "Clou. Je me suis planté un *clavel* dans le pied." Variante : Claveou.

CLAVER – verbe – Fermer - enfermer - *claver* une porte.

CLINTON ou **KLINTON** – s.m. – Vin cévenol qui mûrit sur la treille ou les barres, de forte coloration et de peu de degrés, il dégage une odeur et un goût exclusivement réservés aux initiés qui savent l'apprécier et le "comprendre". Nos gouvernants dans leur grande ignorance le déclarèrent impropre à la consommation et l'interdirent, ce qui provoqua en fait son officielle reconnaissance et le début du mythe.

CLOS – s.m. – Crâne. Expression : "Avoir une tête de *clos*". Utilisée pour qualifier quelqu'un de têtu.

CLOSQUARD – s.m. – S'utilise aussi comme adjectif. Personne têtue à l'extrême, et réputée de l'être. Féminin : *Closquarde*. Synonyme : *Closque*.

CLOUQUE – s.f. – Poule qui couve et qui le fait savoir par différents petits cris, et une augmentation de son volume par le gonflement du plumage. Certaines femmes mal coiffées et pour le moins ébouriffées portent ce délicieux quolibet. Verbe : **CLOUQUER**.

COLIN – s.m. – Pot-de-chambre. Dans les maisons au confort spartiate, il est le compagnon nocturne indispensable – qui plus est – de peu de susceptibilité, car il est bien le seul à ne pas se froisser en observation de la partie charnue de son "co-équipier".

COMPRENELLE – s.f. – Intelligence, vivacité d'esprit. Expression : être dur de la *comprenelle* (être dur à la détente) - stupide, attardé.

CON ! – interjection – Ce "*con*" là n'a rien à voir avec celui qui figure dans les dictionnaires, au sens populaire il précède parfois chaque phrase pour indiquer une affirmation, une exclamation ou une interrogation, il est donc parfaitement utile et poli, contrairement à son devancier, qui lui, décrit un individu crétin ou crétinisant. Prononcé en laissant traîné le n : "connnnnnnnn" il devient à lui seul une phrase exclamative ; merveilleux mot qui, avec la même lettre répétée, devient un discours... Ho *con* ! traduit une surprise extrême.

CON DE MANON – juron – Pas si con que cela et drôlement joli, curieux juron ?

CORPATAS – s.m. – Corbeau de grande taille. Surnom familier donné au curé d'un village par les garnements locaux, accompagné souvent d'une désobligeante imitation du cri de la bestiole.

COUETTE – s.f. – Pénis. Complément indispensable à la craquette pour pénétrer le 7e ciel. Ne pas confondre avec la *couette* recouvrante qui ne provoque pas la même chaleur.

COUFFE – s.f. – Bêtise. J'ai fait une *couffe*, je vais me faire gronder. Le spécialiste de la *couffe* se recrute en général auprès de ceux qui sont incapables de se responsabiliser.

COUFLE – s.m. – En avoir assez (au propre et au figuré). Après un copieux repas, l'avaleur en a son *coufle*. Traduit aussi une forte émotion : "J'ai beaucoup de peine, je suis tout *coufle*." Variante : *Couffe* pour la même signification mais également pour désigner une bêtise. Dérivé : *Couflige* (ras-le-bol).

COUFLIGE – s.m. – Ras-le-bol. "J'ai travaillé dur sur ce projet, j'en ai le *couflige*."

COUGNAT – s.m. – Beau-frère.

COUGOURDE – s.f. – Courge. Traiter une femme de *cougourde* revient à la traiter d'idiote et d'empotée.

COUÏFFA – verbe – Se coiffer. Terme inconnu des élégantes par fort mistral.

COUILLANDRES – p.f. – Raconter des saletés ou des insanités. Dire des bêtises.

COUILLON – s.m. – Testicules. Employé amicalement pour dire à quelqu'un qu'il est trop brave et que, un, ou plusieurs individus profitent de sa gentillesse. Féminin : *couillone*. Contrairement à son anatomique description initiale ce qualificatif est parfois un compliment.

COUILLONADE – s.f. – (l'auteur en est le couillon). Blague, farce, amusement qui porte à rire ; sans la *couillonade* et le pastis, il n'y aurait pas de Midi. Autre orthographe : *Couillonnade*.

COUILLONAS – s.m. – Dérivé de *couillon* le rajout de AS, augmente sensiblement la portée significative du mot. Un *couillonas*, est un grand *couillon*, un peu idiot... Féminin : *couillonasse*.

COUILLONIGE – s.m. – Voir *couillonade*. Dérivé de ce mot dans une version primesautière.

COUILLONER – verbe – Se faire duper notamment en affaires et passer pour un imbécile.

COUILLOSTI – Dérivé de *couillon*. Le plus souvent employé pour marquer sa surprise et son étonnement.

COUNAS – s.m. – Juron cévenol. Dérivé de con. Plus appuyé dans l'invective le *counas* est un con dit : onctueux. "*Counas*, vaï !".

COUNE – s.f. – Juron dérivé de con. S'utilise à l'intention d'une personne du sexe féminin ou masculin en disant "ho ! ma coune".

COUNIFLE – s.f. – Juron. Dérivé de con, la *counifle* est une femme d'une superbe imbécillité.

COUPER LA CHIQUE – expression – N'avoir rien à répondre à la suite d'une déclaration surprenante.

COUPETADE – s.f. – Flan cévenol cuisiné à l'ancienne. Somptueux !

COURDURE – s.f. – Couture.

COUREJON – s.m. – Lacet de crin.

COUSIN – s.m. – Moustique, irritant insecte volant pas assez dodu pour être ingéré, qui transforme les délicieuses nuits d'été en cauchemar.

CRANQUE – s.f. – Vieille automobile qui aspire au repos, et qui n'en finit pas d'être maltraitée par un propriétaire, correspondant aussi à la définition.

CRAPAHUTER – verbe – Arpenter, marcher avec peine et longuement. Les colporteurs d'écrits *crapahutaient* pour le livre dans les campagnes. On ne *crapahute* guère aujourd'hui que dans l'Armée en compagnie d'un caporal-chef ayant trente années de carrière.

CRAQUETTE – s.f. – Vagin. Objet – pardon ! partie anatomique – soumise à beaucoup de sollicitude et de convoitise de la part de ces messieurs.

CRASSOUS – adj. – Crasseux, sale à l'extrême.

CREBASSAC – s.f. – Plante, orge des rats. A maturité elle s'agrippe sur les sacs ou sur tout support de tissu, parfois même dans les cheveux, elle peut entraîner quelques incidents de santé à celui qui en est la victime. Sens littéral : crève-sac.

CRESARETTE – s.f. – Personne qui croit naïvement tout ce qu'on lui raconte. Les électeurs, stimulés par les médias, sont d'incorrigibles *crésarettes* qui fort heureusement reprennent leur bon sens après les élections.

CRETINAS – s.m. – Dérivé du mot crétin. Nous assistons quotidiennement à une éclosion de *crétinas* cosmiques qui usent ceux qui le sont moins. Un sujet de réflexion en or pour remplir l'hémicycle de l'Assemblée Nationale. Nous touchons du doigt un réel problème de société comment une minorité de *crétinas* pourrait-elle discourir sur une majorité ? *Dura lex, sed lex* (la loi est dure, mais c'est la loi).

CROSTI – s.m. – Gros morceau de pain mangé avec appétit.

CRUCHE – s.f. – "Tant va la *cruche* à l'eau qu'à la fin elle se casse" dit le proverbe… ce qui n'est pas le cas de cette *cruche*-là qui est incassable. Se dit d'une femme stupide. Variante : *cruchasse* : supérieurement stupide.

D

DECANILLER – verbe – Partir avec une vitesse extrême. "J'ai chipé des pommes dans un verger, le propriétaire arriva armé d'un fusil… j'ai *décanillé* !"

DECARCASSER (se) – verbe – Se démener pour quelqu'un, le plus souvent dans le cadre d'une entraide bénévole.

DEFORE – adverbe – Dehors.

DEGUN – pronom indicatif – Personne "Je suis allé à cette réunion, il y avait *degun*".

DEMARMAILLER – verbe – Se débrouiller seul. "Je me suis *démarmaillé* comme j'ai pu." Synonyme : *dépatouiller.*

DEPATOUILLER – verbe – Se débrouiller seul dans une situation difficile. Surtout usité sur le plan administratif. "Ces démarches étaient complexes, je me suis *dépatouillé* seul."

DERAILLER – verbe – Ne pas avoir toute sa raison. Tendance à la démence, contrairement au *distinbourlé* qui présente un comportement qui peut être passager. Dans les deux cas, ils ont tout de même une araignée accrochée au plafond.

DESCUVERT – adj. – Découvert.

DESSALABRER – verbe – Chambourler, casser, débarrasser.

DEVARIER – verbe – Il est né à Nîmes et prononcé fréquemment dans la pression de la vie quotidienne ou par fort mistral. Il signifie déboussolé, surmené. Thérèse est tellement dévariée par crainte d'avoir un jour à balayer une surface équivalente à la place des Carmes, qu'elle en oublie de respirer.

DEVOT – s.m. – Personne pieuse.

DÏGUE – Mot signifiant l'incrédulité *"Digue, sies pas nessi"* (dis, je ne suis pas fou). Se place aussi en fin de phrase affirmative.

DIRE (pour de) – expression – Ce qui pourrait passer pour un barbarisme n'en est pas un. Il s'agit en l'occurrence – en faisant précéder dire, par de – d'appuyer l'affirmation. Cette formule est typiquement locale, elle possède la chaleur et la saveur d'une boulangerie dont le pain était cuit au feu de bois.

DISTINBOURLE – Ramoli du cerveau, incapable de raisonner. Qui cède à des pulsions élémentaires. Regardez autour de vous et observez la quantité étonnante de distinbourlés secrétés par le monde moderne, de quoi monter une magnifique académie, qui, elle au moins sera utile à la recherche anthropologique.

DJALIBRE – Avoir froid. Gelée blanche, givre.

DJINGOULINER – verbe – Dégouliner, trembler.

DOUCEMANETTE – adverbe – Très doucement, cet adverbe rime avec les rayons solaires, lorsque le soleil du Midi chauffe on va *doucemanette* pour éviter l'accident (prononcer assident), à pied ou en voiture, c'est élémentaire. Employé aussi lors d'une manœuvre délicate, par exemple le déménagement de pièces lourdes et fragiles, les déménageurs prononcent alors ce touchant et subtil *doucemanette*.

DRÔLE – s.m. – Petit garçon turbulent ou adolescent. *"Ti mandaraï moun drôle"* (Je t'enverrai mon fils). Dérivé : *Drôlet*, petit garçon. Se dit également d'une personne à qui il manque un boulon (es un *drôlet*).

E

EMBERLIFICOTER – verbe – Voir engibarrer.

EMBOUCHINER – verbe – Faire la mou, attitude boudeuse. Grimace de celui qui vient de recevoir sa feuille d'impôts locaux révisés à la hausse en dépit de fracassantes déclarations écrites ou orales assurant le contraire.

EMBOUL – s.m. – Chambardement, désordre. "Quel *emboul*, je ne retrouve plus mes affaires !"

EMBOUNIGUE – s.m. – Nombril. Dans les milieux pseudo érudits on rencontre beaucoup d'auto-scrutateurs de nombrils, en tête les conservateurs de tous poils*, qui effectivement conservent, aseptisent, distillent chichement le bien public, et réussissent avec panache à gêner les chercheurs véritables.

* La minorité non concernée se reconnaîtra !

EMBOUSENER – verbe – Voir emmasquer.

EMBRINGUER – verbe – Entraîner quelqu'un dans une aventure dont le parcours difficile ne manquera pas de lui attirer quelques soucis. "Depuis des années nous nous sommes *embringués* à restaurer cette maison."

EMBRONCHER – verbe – Buter sur une chose, et perdre l'équilibre, situation parfois accompagnée d'une chute. (Mot typiquement nîmois.)

EMBRONQUER – verbe – Trébucher. Voir embroncher. Variante : *embrounquer*.

EMBUGUER – verbe – Faire gonfler les tonneaux en prévision de la future vendange.

EMMASQUER – verbe – Avoir la poisse. "Quelle déveine je suis *emmasqué*." Synonyme : *embouséner*, *enfachiner*. *Emmasquer* quelqu'un : lui porter malchance. La *masque* : la malédiction.

EMPAPAOUTER – verbe – Voir emmasquer, enfachiner.

EMPASTIFELER – verbe – Etre embourbé dans une situation dont on se sortira non sans difficultés. Dérivé : empastrouillé.

EMPEGUER – verbe – Attraper, coller. Deux grandes définitions de concepts opposés : on se fait *empéguer* par la délicieuse obtention d'un procès-verbal*, amoureusement concocté par un monsieur en uniforme qui cache mal une pharaonique satisfaction, conscient qu'il n'en retirera pas le moindre bénéfice ? Par ailleurs, l'individu *empégué* est la résultante du premier paragraphe et pour oublier ses soucis il consomme abusivement des liquides alcoolisés. *In vino veritas* (la vérité dans le vin).

* Ou petit papier vous invitant expressément à soustraire de votre bourse quelques deniers destinés à financer le train de vie de certains.

EMPETOULER – verbe – Etre ivre (voir la définition du deuxième paragraphe d'*empéguer*).

EMPLATRE – Gifle. Synonymes : carpan, beigne. Tête d'*emplâtre*, juron significatif qui permet d'exprimer la considération que l'on a pour son "chiatique voisin". L'*emplâtre*, ou tête à giffle est aussi un individu qui attire et attise naturellement le *pégas*. C'est dans les sociétés dites savantes que l'on rencontre le plus souvent cette race d'anidés non inscrits au tableau des espèces protégées et en voie de disparition. (La minorité non concernée et active se reconnaîtra elle-même.) Variante : *emplastre*.

ENCAILLER – verbe – Tomber amoureux.

ENCATANER – verbe – Ensorceller, jouer de malchance. Voir : *emmasquer, embousiner.*

ENCOUNER – verbe – Se gaver (comme les palmipèdes bien connus et appréciés en temps utiles). "J'ai fait un repas chez un ami, je me suis littéralement encouné."

ENFACHINER – verbe – Voir emmasquer.

ENFANGUER – verbe – Se mettre dans une situation, morale ou physique, délicate.

ENFAGOTÉ – participe – Mal habillé, mauvaise présentation pas forcément due à des habits usés. Variante : *faguotée.*

ENFAVER – verbe – Posséder, rouler, truander autrui. Parmi les nombreux verbes descriptifs et révélateurs de coquineries, enfaver est un des plus gracieux fleurons de notre vocabulaire (dérivé de fève).

ENGARCER – verbe – Etre en mauvaise compagnie (au nom d'une certaine morale). "Ce garçon s'est *engarcé* avec cette fille de petite vertu."

ENGIBANER – verbe – Se faire convaincre par des paroles qui se veulent rassurantes et pas forcément logiques. Synonyme : entortiller. Au sens commercial : "Je me suis fait *engibaner* par un camelot sur le marché et je suis reparti avec des articles plein les poches."

ENGOULIDOU – s.m. – Etroit passage.

ENRHUMASSER – verbe – S'être enrhumé magistralement.

ENTAFIER – verbe – S'envoyer, avaler, d'un appétit digne de Gargantua un plat manifestement délicieux.

ESCAGUASSER – verbe – Se faire très mal. Se blesser gravement. "J'ai glissé sur un rocher et je me suis littéralement *escagassé*." Par ailleurs le verbe s'utilise pour une chose ou un objet : "J'ai *escagassé* la voiture en la sortant du garage."

ESCAMPER – verbe – Jeter, envoyer balader quelqu'un, partir. "Ce pantalon est usé *escampe*-le !' "Mon patron me fatigue, il dit que je travaille trop, je l'ai *escampé*..." "Ras-le-bol ! je m'*escampe*..."

ESCANER – verbe – Voler, chaparder. "Je me suis fait *escaner* mon vélo." Dérivé : escanaïre, voleur, chapardeur.

ESCAMBARLER – verbe – Chuter et s'étaler les jambes écartées, dans une position disloquée et ridicule. "Je me suis *escambarlé* dans l'escalier."

ESCARASSON – s.m. – Echelle renforcée d'un pied pour récolter les cerises ou les olives.

ESCAROUGNE – participe – Rapé, se faire mal. "Je me suis escarougné la jambe en tombant."

ESCARTIRER – verbe – S'écarter, écarter.

ESCLAFFIR (s') – verbe – S'écraser comme un fruit mûr ou en voie de pourrissement. "Je me suis *esclaffi* contre la porte". Spectacle curieux des piétons qui s'*esclaffissent* en glissant sur la neige. Autre sens : rire, éclater de rire, pouffer de rire : "Je me suis *esclaffi* de rire."

ESCLANQUER (s') – verbe – Se faire mal, se blesser. Voir estanbouriner.

ESCLAPAÏRE – s.m. – Personne malhabile qui casse tout.

ESCLAPER – verbe – Se blesser aux membres. "Je me suis esclapé la jambe contre un trottoir."

ESCOGRIFFE – s.m. – Individu physiquement insolite qui tient plus de la cigogne par la longueur et la finesse de ses jambes que des bipèdes soumis régulièrement à l'impôt. Traiter quelqu'un de grand *escogriffe* n'est pas réellement un terme flatteur.

ESCONDRE – verbe – Se faire voir.

ESCOPETTE – s.f. – Carabine, fusil.

ESCORNIFLER – verbe – Espionner, regarder avec curiosité. Voir *espinoufler*. Synonyme: espincher.

ESCOUBAÏRE – s.m. – Balayeur. L'escoubaïre et c'est ainsi, est d'un naturel moins agressif qu'une maîtresse de maison équipée du même outil.

ESCOUBE – s.f. – Balai. Outil dont la renommée n'est plus à faire à double utilité : pour nettoyer les parquets et pour taper sur la tête des maris indélicats. Remarquer sur ce plan malgré des emplois fort différents, la curieuse analogie avec le rouleau à pâtisserie.

ESCOULE-BURETTE – s.m. – Vide-bouteille. Sympathique et grand amateur quantitatif de la dive bouteille. On trouve le plus d'escoule-burettes dans les cafés et bistroquets, lieux d'entraînement affectionnés, pour les futures compétitions : férias, fêtes votives, etc.

ESCRANQUE – participe – Fatigué. Abîmé, utilisé souvent pour qualifier une voiture en mauvais état. Il roule avec une voiture toute *escranquée* et en principe son fidèle conducteur en est la broque.

ESCRAOUTER – verbe – Ebouillanter.

ESGOURDER – verbe – Ecouter avec attention. Tendre l'oreille. Ouvrir les *esgourdes* (ouvrir les oreilles).

ESPALANQUER – verbe – Tomber, s'étaler. Synonyme : embroncher.

ESPANDIR – verbe – Etendre ou s'étendre. "Je me suis *espandi* de tout mon long."

ESPANIFLE – s.m. – Surnom péjoratif donné aux émigrés espagnols pourtant venus faire le travail que les autres ne condescendaient pas à faire.

ESPATAROUFLER – verbe – Epater quelqu'un par une déclaration surprenante. "Je suis *espatarouflé*, je suis surpris !"

ESPIGNE – s.f. – Epine. Se dit d'une femme qui est aux antipodes de toutes dispositions agréables, portant admirablement bien son surnom. Ne consommer qu'avec prudence ; recommandée aux masochistes (exclusivement).

ESPINCHER – verbe – Guetter discrètement. Variante : *Espinchouner.* Voir : *Espinoufler.*

ESPINOUFLER – verbe – Regarder avec curiosité. Passe-temps favori, élevé au rang d'un sport reconnu, de sympathiques pépés et mémés inactifs, malheureusement oubliés par leur famille.

ESPOUDASSER – verbe – Taille annuelle de la vigne, consistant à ne conserver que les yeux vigoureux. Par analogie, il faudrait espoudasser les sociétés d'émulation qui fleurissent sur le territoire afin de ne conserver que les membres actifs. Gênés par la masse des inutiles (séniles ou pas) qui ne font que lustrer les fauteuils et encombrer leur carte de visite d'une appartenance usurpée. Heureusement cetains actifs veillent et perdurent...

ESPOUSSER – verbe – Enlever la poussière. Voir ; *Espoussade.*

ESPOUSSADE – s.f. – Faire sortir les grains. Administrer à autrui une bonne engueulade.

ESPOYER – s.f. – Vêtement "change tes *espoyes*, elles sont sales." Variante : *despoye*.

ESQUICHER – verbe – Serrer - Compresser - Serré comme des anchois, dans un transport en commun, bus ou métro par exemple. Autre signification, délicieuse attitude qui consiste à serrer une personne du sexe opposé avec la ferme intention de ne pas lui parler de la dernière déclaration du Président de la République.

ESQUINTER – verbe – Abîmer - Détériorer. S'utilise également pour parler d'une blessure.

ESTABLE – s.f. – Etable.

ESTAMAÏRE – s.m. – Rétameur.

ESTAMBOURDIR – verbe – Recevoir un coup (physique ou moral) et être assommé ou étourdi. "je viens d'apprendre la nouvelle de son décès, je suis *estambourdi.*"

ESTAMBOURINER – verbe – Se heurter, se faire mal ; "je me suis *estambouriné* le doigt à la portière de la voiture".

ESTAMPE – s.f. – Enfant turbulent.

ESTIBLE – s.f. – Longue marche.

ESTINBOURLER – verbe – Voir : *Distinbourler.*

ESTINCELLE – s.f. – Se dit d'une personne mince et longiligne. "Cette fille est une véritable *estincelle.*"

ESTIRETTE – s.f. – Distance.

ESTOUFFADE – s.f. – Aliment pâteux et consistant, qui a tendance à étouffer celui qui l'avale. Synonyme *Estoufagaïre*. Variante : étouffée "il a dit une bêtise à en faire une bonne *estouffade*."

ESTOUFAGAÏRE – s.m. – Aliment qui étouffe. Voi *Estoufade*.

ESTOUFFA BELLE MERO - (un étouffe belle-mère) Expression révélatrice probablement créée par un gendre calculateur (dont le nom ne nous est malheureusement pas connu) qui aspirait à la tranquillité. Se dit pour décrire un plat ou un gâteau bourratif. Attention s'il existe encore des belles-mères au gosier fragile (ce qui serait curieux) s'abstenir !

ESTOURBIR – verbe – Assommer, donner un coup à quelqu'un (parfois tuer). Sens péjoratif : se faire *estourbir*, se faire avoir, se faire voler par un commerçant peu scrupuleux. "Il a *estourbi* son lapin du premier coup".

ESTRAMASSER – verbe – Se faire mal, se blesser. Synonymes : *Estambouriner* - *Escaguasser*.

ESTRANGER – s.m. – Etranger. Le S de estranger est l'un des plus révélateurs qui soit. Il insiste sur l'origine provinciale d'une autre contrée – Paris y compris – d'un individu venu dans le Midi. (En le prononçant laisser traîner sur le es, et éventuellement faire une mimique narquoise de circonstance).

ESTRANGLA-CAT – s.m. – Etrangle-chat. Expression usitée à propos d'un poisson plein d'arêtes.

ESTRANGLA-CHIN – s.m. – Un étrangle-chien.

ESTRANGULER – verbe – Etouffer, s'étrangler. Envie de celui qui vient d'être victime d'un procès-verbal en zone bleue à l'encontre du képi fautif.

ESTRANSINER – verbe – Rétracté sous l'action du froid - Frigorifié. "Quelle température ! Je suis *estransiné.*"

ESTRIGAILLE – s.f. – Araignée. Compagne utile, silencieuse et non exigeante des caves, plafonds et autres endroits où la quiétude est reine.

ESTRIPER – verbe – Eventrer - Etriper. La mère en colère poursuit son garnement en vociférant : "Si je t'attrape, je t'*estripe*" (fort heureusement dans le Midi on ne fait pas toujours ce que l'on dit !).

F

FADA – s.m. – Simplet - Niais. De toute évidence le plus connu et attachant des termes de ce vocabulaire. Peut être utilisé sur un ton amical ou intime... "Fada va !" C'est ici le lieu géographique où ils croissent le plus ; il n'y aurait pas de Midi sans fada. – Dérivé : *Fadoli* - Féminin : *Fadade* - Autres orthographes : *Fadad, fadat.*

FAÏ – s.m. – Bois ; faix de branches.

FAÏ PAS CAOU – expression – Il ne fait pas pas chaud. Très usité pour débuter une conversation et faire comprendre à son interlocuteur que l'on en connaît un rayon sur le parler local ! Expression délibérément sympathique et empreinte d'une grande cordialité.

FAIGNAS – m.s. – Fainéant de grande qualité, et qui cultive sa fainéantise avec une vive détermination. Seul le travail exécuté par les autres et à sa place, lui convient. Féminin : *Faignasse* (de nouvelles découvertes en biogenèse attestent que les *faignasses* sont aussi nombreuses que leurs homologues masculin). L'égalité des sexes est à nouveau vérifiée.

FAILLOT – s.m. – Haricot, composante délicieuse et sonore (exclusivement après la digestion) de nos repas. Surtout ne pas le confondre avec le *"faillot"* enrégimenté non comestible et agaçant pour toute une chambrée.

FAÏRE – (per que) – Pourquoi faire ? Expression courante qui fait partie des meubles...

FAÏSSE – s.f. – Culture en terrasse. Voir *Acols* (terme cévenol). Variante : barre, traversier.

FAN – interjection – Ne signifiant rien au sens littéral. S'emploie très exactement comme *Con* – Voir ce mot.

FAN DE CHICHOURLES – Juron exclamatif pas grossier, de sonorité chantante et agréable pour exprimer un effet de surprise. Variante : *Fan de chicourle - Fan des chichounes*.

FAN DES LOUPS – Juron gentil et discret. – Sent bon le châtaignier.

FAN DES PIEDS – Juron banal.

FAN DES PURGES – Léger juron aux résultats que nous préférons ne pas décrire (laissé à l'appréciation du lecteur).

FAN DES PUTES – Juron appuyé, parfois exclamatif pour insister lourdement sur le constat.

FANDROUILLE – adj. – Désordonné - qui a toutes ses affaires en l'air. Variante : flandrouille.

FANGUE – s.f. – Boue.

FARGASSE – s.m. – Homme négligé et mal vêtu ; ne possède aucune chance contre le *frotadou*.

FARTAILLES – p.f. – Vieilleries, vieilles choses pas utilisées qui logent et se sédentarisent dans les pièces inoccupées.

FAS (de que) – "Que fais-tu ?" Variante : *"De que faï ?"*

FATCHE DE – Embryon de juron, qui peut être complété d'un juron véritable et donner un ensemble très correctement ordurier.

FATES – p.f. – Chiffons – Vieux chiffons. Qualificatif délicat employé par ces messieurs pour signifier qu'une telle a ses règles.

FAVASSE – s.m. – Individu lourd et pas dégourdi.

FEDJE – s. – Foie.

FERRAT – s. – Se̸

FÈVE – s.f. – Personne niaise et peu dégourdie. "Quelle *fève* cette fille..."

FIAU – s.m. – Feu.

FIESTA – s.f. – Fête locale où le rôle principal est tenu par le taureau. Accessoirement la fiesta est la bacchanale moderne... Preuve que nous ne pratiquons pas seulement des religions monothéistes !

FIFRE – s.m. – Bête, idiot, avec une légère nuance de tête d'emplâtre... (voir ce mot...)

FIGUE MOLLE – expression – Usitée pour qualifier quelqu'un d'une affligeante lenteur et d'une molesse peu commune.

FLEQUE – s.f. – Lorsqu'on déjeune dans la châtaigneraie en période de ramassage, on déguste – réchauffée entre plusieurs pierres de granit – la *flèque* sortie d'un *bertoul* (panier rond en osier) contenue dans une marmite et entourée d'un chiffon au grain rude. Lentement cuisinés au feu de bois les pommes de terre, le lard, l'ail mijotent à ravir pour donner un délicieux et liquide ragoût. Tout comme le *clinton, la flèque* se mérite !...

FLOUS – s.f. – Fleurs.

FONDRON – s.m. – Tablier. Synonyme : *Fandaou.*

FONFOGNE – s.f. – Musique bruyante. Impression générale d'un conseil municipal, entrecoupé par "l'opposition".

FOUGASSE – s.f. – Pâtisserie salée composée de pâte à pain et parfois de grotillons (petits bouts de lards grillés à la poêle) à consommer au petit déjeuner. La pogne cévenole, au beurre et sucrée semblable à un gâteau des rois, porte aussi le même nom. Figuré : échouer dans une affaire. "Il a fait une *fougasse.*"

FOUGNE-MERDE – s.m. – Fouille-merde. Il n'y a pas que dans le monde animal qu'on les rencontre, chez les humains aussi, et peut-être davantage avec la conscience ou l'inconscience en plus. Plus prosaïquement personne qui cherche des histoires – ou qui les provoque – et trouve semble-t-il un plaisir évident à le faire. Variante : pharmacien de deuxième classe.

FOUGNER – verbe – Faire la tête. Voir *Bèbe.*

FOUÏROUS – adjectif – Diarrhée, relâchement de l'intestin.

FOURMILLEGE – participe – Avoir des fourmis dans les jambes. Sensation de picotements par les orties.

FRESCADOU – participe – Rafraîchi, légèrement froid. "Le temps est *frescadou*, nous respirons enfin !". Dérivé : *frescadette* (toute fraîche) "Vous avez une mine superbe ce matin, vous êtes *frescadette.*"

FRIGOULE – s.f. – Thym ou remède magique à consommer en infusion les lendemains de fête.

FROTADOU – s.m. – Homme animé d'une pulsion irrésistible pour ces dames. Sa mesure est la démesure.

G

GACHE – s.f. – Une place, un emploi. "Tu as trouvé une bonne *gache*, facile et bien rémunérée."

GADOUE – s.f. – La boue.

GAGA – s.m./s.f. – Gâteux, simplet. Voir *fada*. Dérivé : *gaganonotutupanpan*.

GALAVARD – s.m. – Gourmand. "Quel *galavard*, il ne peut résister à la devanture d'une pâtisserie !" "Manger comme un *galavard* : s'en mettre plein la panse".

GALEJAÏRE – s.m. – Professionnel du rire et de la blague (ou *galejade*). Lieu de prédilection : le Midi.

GALINE – s.f. – Poule. Surnom donné à une personne du sexe faible dans un vocabulaire affectueux, en prémisses aux approches amoureuses. Diminutif : *galinette* (petite poule). Herbe à *galine* : herbe qui pousse au pied des murs humides.

GANDOLE – s.f. – Ruisseau.

GAOUTES – p.f. – Se dit d'un enfant qui a de bonnes joues et qui "respire" la bonne santé.

GARGAMELLE – s.f. – Gorge. Avoir la *gargamelle* nouée (j'ai peur), couper la *gargamelle* d'une volaille. Synonymes : *gourgoulette, gargoulette*.

GAVEOU – s.m. – Sarments de vigne. Variante : *gavel*.

GAVOT – s.m. – Paysan haut-cévenol ou lozérien. Curieusement le "*gavot*" lorsqu'il est évoqué par les *gavots* en personne se situe géographiquement plus haut ! Ce n'est pourtant pas un déshonneur que de travailler notre bonne terre.

GISCLET – s.m. – Menu, mince. Personne qui semble ne pas être en bonne santé par sa maigreur (peut être utilisé comme adjectif).

GLANDER – verbe – N'avoir rien à faire, fainéanter, paresser. Spécialité de ceux qui donnent l'impression de travailler, alors qu'ils ne font absolument rien. C'est dans les administrations où l'on trouve le plus grand nombre de *glandeurs* qui exploitent une minorité active, probe et efficace. Dérivé : *glandouiller, glandouilleurs*.

GLAOUIS – p.m. – Testicules. Aussi sollicité dans le parler quotidien, que dans la pratique physique, voilà un mot qui ne risque pas de sombrer dans l'oubli.

GLATIÉ – participe – Œuf *glatié*, œuf "clair" non fécondé.

GNON – s.m. – Violent coup de poing donné ou reçu. Dérivé : *gnoque*.

GOBI – s.m. – Petit poisson, qui ne demande rien à personne que l'on s'obstine à manger en friture. Variante : bille à jouer.

GOGUES – s. – Lieux d'aisance.

GONZE – s.m. – Un homme. Familier : un type. Forme peu employée. Féminin : *gonzesse*, forme très employée... Synonyme : *gus*.

GORGE-NOIRE – s.f. – Protestant. Nom donné par les catholiques aux protestants du Midi.

GORGUE – s.f. – Gouttière. Jeu de bille qui se pratique en les lançant dans une gouttière.

GOURD – s.m. – Petit plan d'eau profond formé par un ruisseau ou une petite rivière. Expression : "La goutte fait le *gourd*." Terme cévenol. Autre orthographe : *gour*.

GOURGUE – s.f. – Bassin construit parfois en granit à fleur de terre et à ciel ouvert, servant de réservoir pour alimenter l'arrosage des prés cévenols. La gourgue est située sur le parcours d'un ruisseau, parfois d'une appréciable capacité (en moyenne 4 m de long, 2 m de large, 1,5 m de profondeur) elle constitue un vivier idéal destiné à la reine des cours d'eau : la truite.

GOUI – s.m. – Hachoir.

GOULANAS – s.m. – Goinfre, individu qui est la réincarnation manifeste d'une autruche vorace, avale tout ce qui semble comestible.

GOYE – s.m. – Boîteux. Juron : tête de *goye* pour désigner un individu mal coiffé.

GRATTE-CUL – s.m. – Herbe sauvage piquante.

GRAZILLE – s.f. – Voiture en mauvais état, mal entretenue. Synonyme : *cranque*.

GUIBOLLES – p.f. – Jambes "Je suis fatiguée, j'en ai plein les *guibolles* !"

GUINCHER – verbe – Cligner de l'œil ou "Faire le boul" consiste à *guincher* abondamment les jeunes filles qui musardent sur le boulevard amiral Courbet.

GUS – s.m. – Un homme. Voir *gonze*.

HARIDELLE – s.f. – Vieux cheval. S'utilise pour qualifier une bête qui est usée par la vie et le travail.

HARMAS – s.m. – Terrain en friche. Terme cévenol. L'exode de la population rurale, l'abandon des terres cultivables et la disparition des troupeaux générent nombre d'*harmas*.

HARRENCADE – s.f. – Hareng maigre. "Tu es maigre comme une *harrencade*". Qui manque à l'évidence d'une certaine rotondité musculaire ou... graisseuse.

HOURE – s.f. – Heure.

I

IBROUGNOU – s.m. – Ivrogne. Membre d'une confraternité qui sait bien rigoler, et parfois écrire. Expression : "Chien d'*ibrougnou* que ton maître boit que de l'eau." Parfois utilisé comme adjectif.

INDIJCOUS – adjectif – Ingénieux. Variante : *indjincous*.

INDOURMI – participe – Endormi.

INFRACTUS – s.m. – Mauvaise prononciation du mot *infarctus* (ou crise cardiaque). Dans le Midi on a toujours un *infractus*, même dans les milieux littéraires, jusqu'à ce que l'on rencontre un médecin qui lui, le prononcera correctement !

J

JINGUELE – s.f. – Rameau long et mince, de saule par exemple. Grande fille d'une extrême maigreur.

JOBARD – s.m. – Fou, niais. Son cousin germain est le *fada*. Le *jobard* est un peu plus *fada* que le *fada*, mais il existe encore de nos jours. Ce qualificatif est utilisé également pour constater la violence d'une action. Féminin : *jobarde*.

L

LAÏER – verbe – Fatiguer, agacer quelqu'un par un discours ou une attitude répétitif. "Je viens d'écouter la propagande électorale sur l'ORTF, ils me *laïent*."

LANCETTI – s.m. – Jeu de bille qui consiste à lancer des billes d'une certaine distance, le joueur qui réussit à toucher l'une d'entre elles gagne toutes les autres. Variante : *lancette*.

LAVA (se) – verbe – Se laver.

LIPADOUÏRE – s.m. – Lipeur, lécheur. Dérivé du verbe liper, le *lipadouïre* est invétéré dans son genre. Qualifie le chien qui termine les fonds de casseroles, ou l'amoureux insatiable qui couvre de baisers son élue.

LIPEBOUSE – s.m. – Lécher des excréments. Pour monter en grade la suprême tactique dite du lipebouse s'avère être payante pour les estomacs non délicats.

LITRON – s.m. – Bouteille. Le *litron* est le compagnon fidèle et obligé de l'assoiffé, toujours présent pour réchauffer, réconforter, oublier... et rigoler. Il faudrait institutionnaliser le *litron* pour combattre la morosité des discussions parlementaires.

LOUPIOTTE – s.f. – Petite lampe modeste dont le rayon lumineux est d'une faible intensité. Il avait accroché à sa carriole une *loupiotte*.

LUN – s.f. – Lumière, lune. Annexe de notre bonne vieille terre déjà colonisée par bon nombre d'entre nous. Expression : être dans la lune.

M

M'AS BANDA – expression – Voir *m'as gonflat* ou *m'as gouflat*.

M'AS GONFLAT – expression – "Tu m'as fatigué" au sens d'énerver. Résultante du comportement répétitif et ennuyeux d'une personne. Variante : *m'as banda*. Autre orthographe : *m'as gouflat*.

MACHOTTE – s.f. – Chouette.

MAGNAN – s.m. – Vers à soie.

MAÏSSE – s.f. – Que faut-il pour faire un bon élu ? Tout d'abord une "bonne *maïsse*" (ou bonne langue) peu importe qu'elle soit de bois...

MALUR – s.m. – Malheur. Expression de compassion plutôt féminine : *"Quante malur ma sur !"* (Quel malheur ma sœur !).

MANCHE – s.m. – Personne malhabile, et peu habituée aux travaux manuels nécessitant ou pas une certaine aptitude. L'auteur de ce vocabulaire qui éprouve de grandes difficultés à l'écrire est par ailleurs un parfait *manche*. Utilisé aussi au sens d'andouille. Synonyme : *manchot*.

MANGEAILLE – s.f. – Nourriture. Voir *boustiffaille*.

MANOUL – s.m. – Concombre. Tripes.

MARCAMAOU – s.m. – Individu qui présente on ne peut plus mal, et dont la mine patibulaire est en parfaite harmonie avec la tenue vestimentaire.

MARGOT – s.f. – Pie. Se dit d'une personne qui parle sans arrêt et avec excès.

MASCARER – verbe – Noicir, tacher. "Le ciel se *mascare*, il va pleuvoir."

MASET – s.m. – Petite maison faite en pierres sèches dans les garrigues, où il fait bon faire la sieste en compagnie du pastis, de l'anglore et de la cigale. Autre orthographe : *mazet*. Dérivé : *mazetier* (l'occupant du *mazet*).

MECTON – s.m. – Petit mec. Diminutif péjoratif de type, mec. "Il ne s'ennuie pas le *mecton*...!" Juron : *mecton* de merde !

MERDAILLOUS – s.m. – Petit garçon turbulent, toujours prêt à faire une bêtise pas en rapport avec son âge. "Tu ne me croira pas, ce *merdaillous* a essayé de me voler le portefeuille, il n'avait que huit ans."

MESSORGUE – s.m. – Mensonge.

MESSORGUIER – s.m. – Menteur. C'est dans les coulisses et antichambres des cabinets littéraires que l'on rencontre le plus de *messorguiers* doublés souvent d'éminents gesticulateurs.

MEULE – s.f. – Petite motocyclette "Je viendrai à la fête ce soir, et je monterai avec ma *meule*."

MIAULE – s.f. – Un mulet.

MICHES – p.f. – Seins de la femme. Complément non négligeable à la partie charnue de ces dames pour le plus grand plaisir oculaire et tactile de ces messieurs.

MIEJOUR – s.m. – Midi.

MIETTE – s.f. – Petit nom gentil et affectueux donné à une femme (diminutif de ma mie). Insister en le prononçant sur le mi.

MISSOUNAÏRE – s.m. – Missionnaire. Nom également donné aux petits escargots blancs que l'on trouve sur le fenouil, ou autres plantes de garrigues. A consommer en salade, c'est délicieux).

MISSOUNENQUE – s.f. – Petits escargots. Synonymes : *mourguettes*. Variante : *missounaïre*.

MORFLER – verbe – Détériorer, abîmer. "Il a eu un accident de voiture, elle a *morflé* et lui aussi."

MOULIGAS – s.m. – Mou, se dit d'une chose ou d'un individu. Le chocolat laissé au soleil est devenu *mouligas*. "J'ai rencontré le cantonnier, il ne casse pas les manches, quel *mouligas* !" Synonymes : *molasson, molassou.*

MOUNE – s.f. – Sexe féminin. Terme utilisé par les adolescents en quête de compagnie, peut être augmenté de descriptions précises et... enthousiastes.

MOUNINE – s.f. – Petite fille, plus proche des langes que des serviettes hygiéniques. S'emploie péjorativement "Dis donc espèce de *mounine*, tu ne vas pas continuer à faire faire la sieste à ce petit qui a plus de douze ans ! foi de Philomène."

MOURE – s.m. – Faire la tête. Expression d'un visage contrarié et boudeur. "Quel *moure*, je me demande ce qu'on lui a fait !"

MOURGUETTES – p.f. – Petits escargots qui affectionnent les plantes de la garrigue et plus particulièrement le fenouil. Synonyme : *missounenque.* Variante : mange-merde (escargot non comestible).

MOUSCAILLE – s.f. – Excréments. Utilisé au sens problématique. Soucis, embêtements. "J'ai engagé un procès contre mon voisin, il a gagné, je suis dans la *mouscaille.*" Attitude de certains maires irresponsables qui gèrent comme des andouilles, projetant ainsi leurs administrés et les finances de la commune dans la *mouscaille.*

MOUSSEAU – s.m. – Moustique. Voir : *cousin.*

MOUSTAS – s.m. – Giffle. Thérapie recommandée pour traiter les *couillonades* attribuées aux *merdaillous*.

MOUSTRO – s.m. – Monstre. Souvent employé affectueusement pour qualifier un chérubin en mal de fessées.

MOUN DIOU ! – exclamation – "Mon Dieu !" S'utilise pour marquer la surprise.

N

NA PROUN – expression – "Il y en a assez - ça suffit comme ça."

NAINE – s.f. – Ma naine. Mot affectueux et paternaliste employé par le chef de famille pour sa femme et ses enfants. Celui qui utilise ce terme n'est pas un cravaté, mais un travailleur manuel souvent mineur dans le bassin houiller cévenol.

NARRER (se) – verbe – Avoir très mal joué à la pétanque.

NARRI – s.m. – A la pétanque lorsqu'une boule est mal jouée on dit : "j'ai fait un *narri*."

NEBLER – verbe – Répéter sans cesse. C'est Thérèse qui *nèble* à longueur de journée au point d'en perdre son balai.

NEGA – verbe – Noyer.

NEOU – s.f. – Neige.

NEPLE – s.f. – Brume épaisse sur les serres des Cévennes.

NESSI – s.m. – Fou, niais. Voir *niaï* et *fada* "Ce garçon est le *nessi* du village."

NIAÏ – s.m. – Niais. Individu qui possède un cerveau ne fonctionnant pas assez, ou qui a trop été sollicité. Voir aussi *fada*.

NIAOU – s.m. – Œuf de poule. Enigme de la nature : comment un animal aussi peu difficile dans ses habitudes alimentaires peut-il fabriquer un produit aussi fin ?

NIVE – adjectif – Nuageux.

NON DE MILLE – juron – Voir *non de non*.

NON DE NON – juron – Doux, presque délicat, somme toute largement édulcoré. Ces dames peuvent l'employer sans passer pour d'horribles mégères. Synonyme : *non de mille*.

NOVIS – s.m. – Jeunes mariés, aujourd'hui ils s'embrassent, demain, ils se battront.

OIGNON (se crever l') – expression – Se fatiguer à l'extrême. Il est bien évident que ce sont les travailleurs manuels qui se crèvent le plus l'*oignon*, les autres qui les commandent ont par contre leur *oignon* (cul) rivé sur une chaise et semblent curieusement s'en satisfaire.

OÏLE – s.f. – Huile.

ONCHER – verbe – Graisser un plat avec de l'huile ou de la graisse.

OUBLIDA – participe – Oublié.

OUSSEOU – s.m. – Petit oiseau. Il est souvent la dérisoire victime de certains chasseurs-prédateurs qui mériteraient une cure de coups de *bouscas*. Synonyme : *aoussel*.

OUSTAOU – s.f. – Maison.

P

PACHE – s.f. – Accord commercial. Conclure une affaire en se tapant mutuellement dans la main. Faire la pache.

PAGA (as) – expression – Tu as payé.

PAN – s.m. – Pain.

PAOU (as) – expression – "J'ai peur". "*Aï pas paou* : je n'ai pas peur".

PAPISTE – s.m. – Adepte du pape. Surnom donné par les protestants aux catholiques.

PARDI – interjection – Mot clef du Midi adaptable à toutes les phases et à toutes les sauces... Utilisé pour approuver ou affirmer une action, se place devant ou en fin de phrase. Pardi, con, pétard possédent la même symbolique sémantique et ils sont les fleurons de nos interjections ensoleillées.

PARLO-SOULET – expression – Parle seul. Utilisé pour quelqu'un qui parle seul, et le plus curieux c'est qu'il arrive parfois à se disputer. "*O tempora ! O mores !*" (ô temps ! ô mœurs ! – Cicéron –).

PARPAILLAS – s.m. – Homme frustre, grossier, qui semble ne posséder aucune notion d'élégance morale ou physique. Synonyme : *parpagnas*. Féminin : *parpagnasse, parpaillasse*. Dérivé : *parpagne* (la déchéance).

PARPAILLOT – s.m. – Protestant. Surnom donné par les catholiques.

PASSADOU – s.m. – Petit passage entre des broussailles. "Viens au *passadou* j'ai quelque chose à te dire". Terme de chasse.

PASTAGUAS – s.m. – Pastis. Le pastis est aux gens du Midi ce que le punch est aux Antillais in-con-tour-na-ble ! L'abus de *pastaguas* provoque parfois quelques visions de cigales roses. Perroquet : pastis-menthe. Tomate : pastis-grenadine.

PASTIÈRE – s.f. – Remorque utilisée lors des vendanges, destinée à recevoir le raisin.

PASTIFARDER – verbe – Faire des histoires, pratiquer avec un art consommé la politique du clerc et du capélan. Grâce aux tendances de la nature humaine, il se compte parmi les verbes éternels. La majorité des politiques *pastifardent* allègrement et encaissent nos deniers, une minorité seulement non *pastifardière* nous mérite. Dérivé : *pastifardier* (celui qui *pastifarde*).

PASTIFELER – verbe –

PASTRE – s.m. – Berger.

PATAÏRE – s.m. – Chiffonnier. Voir *peille*.

PATAQUES (prononcer le s) – p.m. – Mettre les pieds dans le plat, provoquer des histoires. Attitude gauche d'une personne qui crée des conflits sans s'en apercevoir.

PATAUGAS – p.m. – Chaussure rustique fort solide dont on se sert pour bricoler ou marcher sans avoir le souci d'en prendre soin.

PATI – s.m. – Histoires, conflit, problèmes. C'est dans le Midi où l'on trouve de beaux *patis*, familiaux et professionnels, mais cela s'arrange souvent...

PATIN-COUFFIN – expression – Pourrait se substituer à etc... Synonyme : *patin-couffi*.

PAUVRE (oh) – interjection – Voir *pétard*. S'utilise en exclamatif et avec une certaine gourmandise du ton pour ne pas faire oublier à son interlocuteur que l'on est dans le Midi !

PAYSANAS – s.m. – Gros paysan, au sens de fruste et grossier, un peu brutal et bénet, pas forcément dénué de cœur. Le "as" accolé à un mot accentue volontairement sa notion péjorative. Féminin ; *paysanasse*.

PEBRON – s.m. – Amateur chronique et excessif du gouleyant.

PECAÏRE – interjection – Peuchère, le pauvre. Mot passe-partout que l'on peut donc utiliser à toute convenance. Expression : Pauvre peuchère il est mort en *caguant*. Exprime la fin d'une vie dans un dramatique état de dénuement.

PÉCOLE – s.f. – Crotte de lapin, de lièvre. Attraper la *pécole*. Avoir des difficultés intestinales.

PÉGOULADE – s.f. – Défilé carnavalesque monté à l'occasion des fêtes locales, qui fait la joie des familles de 1 à 99 ans.

PÉGUOUS – s.m. – De pèque : la poix. Celui dont on ne peut se défaire et qui se cramponne malgré les efforts de l'autre pour s'en dégager. Les vendeurs au porte à porte sont de remarquables *péguous* dont on ne vient à bout qu'après avoir cédé à leur argumentation. Féminin : *péguouse*.

PEILLE – s.f. – Vieux morceau de chiffon ou de vêtement usagé d'une propreté douteuse. Variante : *peillouse*. Dérivé : *pataïre* (chiffonnier) - *peillarot* (ramasseur de chiffons) - *peillarotte* (ramasseuse de chiffons, femme misérable).

PEÏRE – s.f. – Pierre.

PELOT – s.m. – Une chute.

PELOUS – s.m. – Bogue de châtaignier. Pour éviter que le *pélous* ne darde les doigts de celui qui châtaigne, il faut utiliser un petit bâton fourchu. Instrument rudimentaire dont l'efficacité est absolue.

PENDOUILLER – verbe – Pendre, attacher par le haut. "Le vent a cassé une branche, elle *pendouille* sur la chaussée".

PENEQUET – s.m. – Petit sommeil. Le *pénéquet* est de la même famille que la sieste, il sait tout autant être sublime sous un châtaignier ou un olivier et devenir divin s'il se fait à deux.

PEOU – s.m. – Cheveux. "J'ai bavardé à l'école et l'instituteur m'a tiré les *péou*".

PEQUELET – s.m. – Tout petit. S'utilise pour un humain, un animal ou une chose. Qualificatif affectueux attribué à un petit enfant. Féminin : *péquélette*. Dérivé : *péquélou*. Synonymes : *pitchou, pitchoune, pitchounette, pichou, pichounette, petitou, petitoune, pétoulette, pétoulet*.

PEQUELOU – s.m. – Voir *péquelet*.

PERDIGAU – s.m. – Perdrix (prononcer perdigaou).

PESCOFI – s.m. – Pêcheur. Expression : menteur comme un bon *pescofi*. Que nos amis les pêcheurs ne se formalisent pas, ils ne sont pas les seuls : ouvrez les journaux ou écoutez la radio et la télévision…

PÈSE – s.m. – Poids. S'utilise aussi pour désigner l'argent. "Mine de rien, il a du *pèse*".

PESOUL REVENGU – Pou revenu. Eclatant spécimen d'arriviste qui par sa nouvelle situation sociale (plus élevée que la précédente) oublie ses origines modestes et étale avec arrogance son train de vie au mépris des autres. Regardez autour de vous votre vie quotidienne en est truffée...

PESSUS – Il y a longtemps. "Ça fait un *pessus* que je ne l'ai pas vu."

PETAFOUÏRE – s.f. – Colique, embarras intestinal. Voir aussi : *pétaïre*. Avoir la *pète* : avoir peur.

PETAÏRE – s.m. – N'allez pas croire qu'il s'agit là d'un pète-sec ou d'un péteux, non! Il s'agit tout simplement d'un individu qui élève presque au rang de la philosophie les vents fréquents dont il est l'auteur. Péteur professionnel. Dérivé : *pétouiller*, petits pets des nourrissons. *Pétafouïre* : coliques.

PÉTARD – s.m. – Expression : se mettre en *pétard*, signifie se mettre en colère. Il y a du *pétard* : agitation belliqueuse de deux ou d'un groupe de personnes. Règlement de compte. Dérivé : *pétardine* : juron.

PÉTARD DE MILLE – juron – Voir *non de mille*.

PÉTASSER – verbe – Raccommoder un vêtement, une pièce de tissu ou un élément de construction. *Pétasser* s'utilise aussi pour évoquer l'oubli d'une brouille passagère entre deux personnes. "Ils ont fait la paix, ils se sont *pétassés*."

PETASSOU – s.m. – Petit péteur.

PÉTOUCHARD – s.m. – Peureux, homme de peu de courage. Variante : *pétochard* - Féminin : *pétocharde*.

PÉTOULET – s.m. – Tout petit. Surnom affectueux donné à un petit enfant. Féminin : *pétoulette*.

PÉTROLETTE – s.f. – Motocyclette de petite cylindrée.

PÉTRONILLE – s.f. – Se dit d'une petite fille rigolotte et amusante. Qualificatif affectueux.

PICHE – s.m. – Caraque, gitan.

PIECE – s.f. – Lopin de terre en Cévennes.

PIGNIAÏRE – s.m. – Coiffeur.

PIGNOUFFE – s.m. – Comportement volontairement avaricieux de la part d'une personne qui pourrait vivre dans l'aisance. Le *pignouffe* n'est pas forcément un imbécile, il est aussi parfois un crétin diplômé (qui en fait largement étalage) reconnu par la bonne société pensante locale. Variante : *pignouffle*.

PINAILLER – verbe – S'attacher à des détails, tergivercer. Attitude du pénible qui taquine les nerfs de son interlocuteur. Le verbe *pinailler* a donné naissance au *pinailleur* qui fait partie d'une catégorie sociale actuellement florissante.

PINTE (prendre une) – expression – Se saoûler. Variantes : prendre une *cuite*, prendre un *plumet*, prendre un *pétorque*, prendre un *pupu*. L'étonnante diversité d'expressions des limbes alcoolisées prouve bien (s'il était nécessaire) qu'elles stimulent prodigieusement l'activité artistique cérébrale.

PINTOURLER – verbe – Individu qui boit exagérément, adepte du goulot. Synonyme : *pintchourler*.

PIPE – s.f. – Se dit d'une personne qui paraît plus que ce qu'elle n'est. Personnage superficiel et sans grand intérêt si ce n'est de se gausser de lui. C'est dans les cercles dits intellectuels où l'on rencontre les plus beaux spécimen de pipe avec incrustations et dorures. Fort heureusement il existe dans ces mêmes associations des minorités actives et agissantes qui rattrapent l'ensemble avec bonheur et tendent vers le but initial.

PIRAU – s.m. – Chaudron (prononcer *piraou*). Variante : *peyrol*.

PISSADOU – s.m. – Désigne l'endroit où l'on peut uriner, enfin, changer l'eau des olives. Le *pissadou* est à connotation bucolique. On l'imaginera arboré, fleuri et parfumé aux plantes odoriférantes. Ne pas confondre avec le banal pissoir qui lui ne possède aucune poésie. Variante : pot de chambre.

PISSARELLE – s.f. – Petite fillette qui fait encore pipi au lit, ou qui va uriner fréquemment.

PITCHOU – s.m. – Voir *péquelet*. Féminin : *pitchoune*.

PITER – verbe – Mordre, s'emploie à la pêche pour désigner le poisson qui mord. Se dit d'un homme qui boit beaucoup : "il *pite* comme un trou." Variante : *pinter*.

PIVOINE (être rouge comme une) – expression traduisant l'état d'irritabilité d'une personne. Ou encore : "Il fait une chaleur torride, je suis rouge comme une *pivoine*."

PLATAS – s.m. – Grand plat copieux de nourriture avalé avec gourmandise, et une évidente satisfaction de l'avaleur à le faire savoir. "Il s'est envoyé un bon *platas* de pomme de terre à la graisse d'oie."

PLAIGNEGE – verbe – "Il se *plaignege* tout le temps". Il se plaint tout le temps.

PLOUVINEIGE – adjectif – Il pleut et il neige à la fois. Variante : *pluvineige*.

POGNE – s.f. – Gâteau au beurre de forme coronoïde. La pogne se savoure comme un gâteau des rois, ou le matin trempée dans le café. Pogne désigne aussi une grosse main ou un gros poing.

POMME D'AMOUR – s.f. – Tomate.

PORCAS – s.m. – Gros porc. Fortement péjoratif ce terme qualifie un homme sale et grossier.

POUBELLAÏRE – s.m. – Poubelleur. Ceux qui ramassent les détritus des autres mériteraient un dérivé moins classique et plus reconnaissant.

POUDAÏRE – s.m. – Tailleur de vigne. Expression : "Il est habillé comme un *poudaïre*" (il est habillé de façon rustique).

POUDET – s.m. – Petite hâche.

POUGNE – s.f. – Main. Synonymes : *pogne, patasse* (grosse main).

POULIDO – adjectif – Beau, joli.

POULINAS – s.m. – Fiente de poules. Dilués dans l'eau ils deviennent un engrais puissant.

POUSSINET – s.m. – Petit poussin. Diminutif affectueux destiné aux petits enfants. Verbe : *poussineger* (calmer, caliner un bébé).

POUTOU – s.m. – Un baiser. Le *poutou* (au pluriel c'est encore mieux) provoque l'ivresse légitime chez tous les amoureux. Peut remplacer en certaines circonstances les effets d'un *pastaguas*.

PRIGA-DIOU – s.m. – Prie-dieu. Nom donné aussi à un insecte.

PRUMPI – Employé par les enfants pour nommer celui qui joue le premier.

PRUS (A de) – expression – Il a du tranchant. Utilisé lorsque l'on teste la qualité et le tranchant de la lame d'un couteau.

PUSSIGNOLE – s.f. – Petite puce. Qualificatif affectueux attribué aux petits enfants. Dérivé : *pussignolette*.

PUTAIN CON – Juron qui sent bon le thym, le romarin et autres plantes bénéfiques du Midi. C'est un poème.

PUTARASSE – juron – Sens initial : femme de mauvaise vie. Usité en forme exclamative en pays cévenol. La prononciation grasseyante provoque même une certaine solennité... Dérivé et synonyme : *putaraille*.

Q

QUICON – expression – Il y a du monde – noir de monde –. "Je suis allé au marché aux puces ce matin, il y a *quicon*." "*A toujours quicon que vaï pas*" Expression : Il y a toujours quelque chose qui va pas.

QUIEU – participe – Cuit.

QUILLER – verbe – Percher, déposer en hauteur. "Regarde le merle, il est *quillé* sur la cheminée." "Je n'arrive pas à atteindre ce carton, il est allé le *quiller* trop haut." Employé aussi par les enfants lors des parties de jeux de billes. Etre *quillé* : joueur de loto qui n'attend plus qu'un seul numéro pour crier "quine".

QUINCHOU – Faire coucou. Il m'a fait *quinchou* en passant. Variante : *pinchou*.

QUIOUSSOU – s.m. – Petit oiseau. Moineau qui fait souvent les frais (faute de sanglier) d'une décharge de chevrotines d'un mauvais *cassaïre*. Variante : *quinssou, quissou*.

R

RABALINQUES – m.p. – Choses inutiles. Synonymes : *rebaladis, rambaladis, rabaladis*.

RABALLER – verbe – Etre fatigué. Se traîner. "Lorsque la canicule sévit on se *raballe...*"

RACATI – s.m. – Bon repas, copieux et bien arrosé comme on sait les faire en Cévennes. Merveilleuse occasion pour se délecter de la réalité et non des mots ! Variante : *recati*.

RACHALAN – s.m. – Paysan. Modeste et actif travailleur de la terre.

RADADA – s.m. – Ras-le-bol. Se trouver dans une situation éprouvante, proche de la saturation.

RADINAS – s.m. – Dérivé du mot radin, le *radinas* est un gros radin. Axé sur le porte-monnaie il ne s'entrouvre qu'avec une extrême prudence... Féminin : *radinasse*. Synonyme : *rastel, raspias*.

RAÏOL – s.m. – Vient du mot royal : Cévenol.

RAÏOLETTE – s.f. – Petite fille d'un Raïol. Saucisse de porc mi-sèche en vente uniquement chez les vrais professionnels de la charcuterie, au goût incomparable. Composante du petit déjeuner, accompagnée d'un rosé servi frais. Un des grands moments de la journée.

RAMASSE (être à la) – expression – Signifie être très fatigué ou à la traîne, ce qui est fâcheux pour un sportif.

RAMBALADIS – p.m. – Objets en désordre, souvent de peu de valeur. Variante : *rebaladis, rabaladis.*

RAMOUNAÏRE – s.m. – Ramoneur.

RAOUBE-GALINE – s.m. – Voleur de poules. Il ne reste plus de nos jours que maître Renard pour voler des poules... Ancien surnom donné jadis aux Gitans.

RAPUGNE – s.f. – Grand nettoyage.

RASOGUET – s.m. – Petit chien agressif et minable. S'utilise aussi pour décrire une personne de petite taille (nuance péjorative).

RASTACOUÈRE – s.m. – Individu louche, peu recommandable, dont l'aspect physique est en rapport avec une moralité supposée "frelatée".

RASTAIL – s.m. –

RASTELLER – verbe – Râteler. Râteler un pré avec un râteau dont les dents sont en bois.

RASTEOU – s.m. – Râteau.

RASTOC – s.m. – Radin.

RATAS – s.m. – Gros rat.

RATATINER – verbe – Se rétrécir, se recroqueviller. Réduire de volume. "Ce vêtement est tout *ratatiné*". "Il avait très peur il était *ratatiné* dans son coin". Etat financier des retraités, qui malgré les promesses des caisses de retraite et une vie de labeur obtiennent des rentes *ratatinées*.

RATIGAS – s.m. – Idées.

RECANTOUILLE – s.f. – Objets inutiles de peu de valeur.

RECATER – verbe – Prendre, obtenir dans le sens de grapiller ou resquiller. J'ai récaté un beau bouquet de fleur dans le jardin du voisin. A le sens aussi de cacher, placer.

RECET – s.m. – Scie courte (terme surtout utilisé en Cévennes).

REGRATTA – participe – Après avoir châtaigné (récolté les châtaignes) il se pratique un ultime ramassage, on va alors *regratta* (terme cévenol).

REGUINADE – s.m. – Coup de froid.

REMBAILLER – verbe – Répondre vivement à quelqu'un en lui exprimant visiblement son désaccord. Synonyme : *ramasser* - Variante : *remballer*.

REMBAILLER – verbe – Se faire reprendre dans ses propos avec vigueur.

REMISE – s.f. – Local où l'on entrepose des objets. Garage de type agricole.

REN (pas) – expression – Rien du tout.

RENCONNER – verbe – Hésiter, tourner, de façon imprécise, un peu ubuesque. Attitude qui pousserai l'observateur à aiguillonner l'observé. Celui qui *renconne* coûte cher à l'Etat et à son patron. Dérivés : *rencounaïre*, *renconneur* - Féminin : *renconneuse*.

REPAPIER – verbe – Répéter sans cesse râbacher les mêmes histoires. Se dit du papet ou de la mamet qui répapient.

REPOUCHOU – s.m. – Salsifis sauvage, fort prisé par les gourmands. Les endroits où il pousse sont jalousement gardés et dévoilés seulement aux initiés et inconditionnels de la salade des champs. Variante : *respouchou*.

REVISCOULE – Ravigorer.

RIBES – s.m. – Fossé.

RICANTOUN – s.m. – Petit réduit dans une habitation. Variante : *Recantoun*.

RIRE (de) – C'est pour de rire. L'apparition du "de" amplifie la plaisanterie (idem de dire) - Voir ce mot.

ROBERT – s.m. – Sein.

ROMPEU (m'as) – expression – Tu m'as fatigué.

RONDINER – verbe – Grommeler, râler, celui qui *rondine* est suspecté de le faire par plaisir, il est parfois teinté de formules répétitives et devient un *rondinaïre* qui répapie ! Dérivé : *rondinaïre* celui qui *rondine* - Variante : *roudinaïre*.

RONDONDONS (casser les) – expression – Casser les pieds, fatiguer quelqu'un.

ROUBIGNOLLES – p.m. – Testicules. Expression : *casser les roubignolles*. Voir : *burnes*.

ROUGNOUS – adjectif – Galeux. Se dit d'un animal qui semble être en mauvaise santé et dont le poil est minable. Il peut par extension s'appliquer aux humains qui se "laissent aller".

ROUPETTES – p.f. – Testicules. Expression : *en avoir plein les roupettes* (en avoir marre).

ROUMÉGUER – verbe – Ronchonner, râler à tout propos. Seconde nature du Méditerranéen qui *roumègue* en qualité de bon *réboussié*. *Roumegaïre* : celui qui *roumègue*.

ROUMEQUE – s.f. – Sorcière. Vieille femme laide et méchante. Remède radical pour calmer les enfants turbulents : "Si tu n'es pas sage la *roumèque* ve venir te chercher..."

ROUNSAS – s.m. – Fossé envahi de ronces. Roncier.

ROUPALATTI – s.m. – Casse-pieds. Espèce banale et commune d'individus sans cesse en évolution depuis la nuit des temps.

ROUPILLON – s.m. – Un petit somme. Le *roupillon* pratiqué régulièrement ou irrégulièrement est éminemment réparateur, proche du sublime après un repas agréablement arrosé ; il est l'expression d'un mode de vie ensoleillé.

ROUSIGUOUS – s.m. – Vieux morceau, vieux bout. Usité en langage familier on peut traiter amicalement une personne de *rousiguous*.

ROUSTE – s.f. – Prendre une correction. Se faire battre vigoureusement. On peut aussi l'attribuer à une fessée donnée à un garnement.

ROUSTILLER – verbe – Se faire estamper par un commerçant peu scrupuleux. Se faire avoir. Payer trop cher une marchandise - *Roustisseur* : qui estampe et vole ses clients.

ROUSTIR – verbe – Voler ou se faire voler. Utilisé au sens de duper, gruger. "J'ai acheté cet article cher, mais il ne valait rien, je me suis fait *roustir.*"

ROUSTONS – p.m. – Testicules. Voir : *burnes - roubignolles.*

ROUZIGON – s.m. – Petit croûton (souvent donné aux enfants sur le difficultueux chemin qui mène à l'école !)

S

SABRAQUE – s.m. – Personne qui travaille mal et qui semble en faire une spécialité. "Quel *sabraque*, il travaille comme un manche!)

SACHETTI – s.m. – Petit sac - Sac. Variante : une saquette.

SADOUL – s.m. – Soûl. En avoir son *sadoul* signifie en avoir assez (au sens de rassasié).

SAGNE – Roseaux. Endroit humide où poussent les joncs. Tourbière.

SALOPEGER – verbe – Exécuter un travail on ne peut plus mal. Parfois celui qui *salopège* a conscience qu'il le fait.

SAPÉ – participe – Être élégant. Être bien habillé. Expression "Tu es *sapé* comme un ministre". S'utilise aussi en verbe "dis-donc tu *sapes* aujourd'hui !"

SARTAN – s.f. – Une poêle. Variante : *padelle*.

SAOU – s.m. – Le sol - Le sel.

SAOUS – m.p. – Les sous.

SAQUET – s.m. – Un petit sac (terme cévenol). La grand-mère trouve toujours dans son débarras un *saquet* soigneusement récupéré pour envelopper les œufs fraîchement pondus. Ces œufs-là prennent alors une autre dimension, celle qui autorise la perception d'un produit naturel et la conscience d'un cadeau qui a pour elle une valeur symbolique.

SAS – Sais ; tu sais. Employé comme interjection. Forme exclamative ; *"Sas, j'en ai marre !"*

SAUCIFLAR – s.m. – Saucisson. Le *sauciflar* et son compère le *canon* sont les deux supports indispensables pour réussir le petit déjeuner. Le *sauciflar* cévenol est des plus réputés. (Publicité gratuite).

SCAUFADOU – s.m. – Petit chauffage.

SÈGUE (es pas) – Expression : c'est pas sûr.

SEMAINE – Lundi : *dilus* - Mardi : *dimar* - Mercredi : *dimecre* - Jeudi : *dijaou* - Vendredi : *divendre* - Samedi : *disate* - Dimanche : *dimanche*.

SEMAU – s.f. – Une cornue. Récipient en bois destiné à recevoir plusieurs dizaines de kilos de raisins lors de la vendange.

SÈTI – s.m. – Chaise, siège. L'été les habitants des villes et villages sortaient leur *sèti* devant la porte et entamaient des conversations sans fin. Cette ancestrale habitude perdure fort heureusement encore de nos jours dans bon nombre de communes rurales.

SI TAN BEN – expression – Aussi bien. "Si tan ben, je le ferai demain".

SIGOUGNER – verbe – Agacer quelqu'un, le pousser à agir contre son gré. Dérivé : *sigougneur* (celui qui *sigougne*).

SIMBEOU – s.m. – Taureau qui a du métier, à qui l'on attache une petite cloche autour du cou ayant pour rôle de faire rentrer ses congénères dans le toril.

SIMPLE – expression – "Il n'est pas *simple*, on a dû le gagner" (il n'est pas bête pourtant, on a dû le convaincre à leur cause).

SOM – s.m. – *Aï som*, j'ai sommeil, c'est à l'école et dans les amphithéâtres universitaires que le sommeil vient le mieux. Le ton monocorde de l'intervenant (quand même bien rémunéré) son obligeante courtoisie à laisser dormir l'assistance (fort reconnaissante au demeurant) et l'ambiance générale, font qu'il existe encore des moyens naturels pour combattre l'insomnie, fléau de ce siècle.

SOULÈOU – s.m. – Soleil

SOUQUE – s.f. – Souche. Cep de vigne.

SUCETTE – s.f. – S'emploie pour quelqu'un de fatiguant. Personne qui est attachée aux basques d'une autre et qui la suit partout.

SUR – s.f. – Sœur. *"Quand e malur ma sur !"* - quel malheur ma sœur - Expression utilisée pour exprimer un sentiment de commisération.

SUZA – verbe – Suer - *m'as fa suza !* "Tu m'as fait suer, j'en ai trempé la chemise."

T

TAFANARI – s.m. – Partie charnue d'un individu, le cul pour ne citer que lui, outre son aspect fonctionnel bien naturel, génère attention, attrait, méfiance et émerveillement au féminin pour devenir parfois callipyge ou plutôt enfer.

TAIL – s.m. – Insecte piqueur de la grosseur d'une abeille, qui ne vous loupe pas lorsque vous sortez d'une tonique baignade en rivière.

TAILLER (se) – verbe – Partir, s'en aller. Synonyme : se tirer.

TAN BEN – adverbe – Peut-être copieusement utilisé dans les conversations, il peut se placer en tête ou en fin de phrase. Mot un peu passe-partout.

TANQUER – verbe – Se fixer, se placer, se caler. "Il s'est *tanqué* là pour regarder passer la course". On retrouve ce mot dans le jargon des boulistes pour constater une attitude pieds joints - pieds fixés.

TANTINE – s.f. – Mot affectueux usité pour désigner la tante dans la famille.

TANTINET (un) – Un peu. "J'en ai un *tantinet* ras-le-bol de payer des impôts directs ou indirects à tout bout de champs."

TAOU – s.m. – Bœuf étalon.

TAOULE – s.f. – Table.

TAPARAS – s.m. – Couche de pierres très dures que l'on peut rencontrer en plaine à un mètre du sol. Variante : *taperas.*

TAQUET – s.m. – Un coup de poing. Recevoir un taquet. Lors des fêtes votives les jeunes gens en mal d'affection échangent avec leurs petits camarades divers *taquets,* et la fête continue !

TARABUSTAÏRE – s.m. – Taquin. "Il n'arrête pas d'énerver ses petites sœurs quel *tarabustaïre !"*

TARABUSTER – verbe – Taquiner - Agacer.

TARAILLE – s.f. – Faire la vaisselle.

TARLENTEGIO – *"Il tarlentegio"* Traduire par il bricole, il tourne, il ne fait rien.

TARNAGAS – s.m. – Juron cévenol. Personne dotée d'un faible coefficient d'intelligence très proche intellectuellement du *couillonas.*

TARTIGNOLLES – f.p. – Plat de présentation douteuse et supposé de qualité médiocre.

TATARAGNE – s.f. – Toile d'araignée qui orne nos caves ou nos greniers, la *tataragne* est la voilette indispensable des chats chasseurs de souris.

TAVAN – s.m. – Frelon (insecte).

TAVANEJAÏRE – s.m. – Qui fait des va-et-vient.

TCHACHE – s.f. – Avoir de la *tchache*, parler facilement (souvent avec exagération), avoir du bagout à faire fuir les interlocuteurs éventuels. Générateur de céphalées, le *tchacheur* professionnel est à procrire. - Masculin : *tchacheur* - Féminin : *tchacheuse*.

TCHICHOUILLER – verbe – Manger un plat sans envie, tourner, remuer ce qui figure dans son assiette avec l'intention de ne pas l'avaler. Employé également dans le sens de tripoter un objet ou hésiter sur une démarche à entreprendre. Dérivé : *tchichouillage* (tergiverser).

TCHIMONI – Il n'y a rien ou personne.

TCHO – s.m. – Individu idiot, bête, niais. "Quel *tcho*, il n'a même pas compris ce que je lui disais". Synonyme : *Tio* - s.m. - *Tiotte* - s.f.

TCHOUNE – s.f. – Sexe féminin (terme utilisé plutôt en Cévennes). Se dit parfois d'une fille bête ou "bécasse".

TE CRESI – Je te crois. A employer de façon péjorative, revient à dire : "Cause toujours mon poulet, tu m'intéresses... Peut aussi se dire en affirmatif.

TESTAMOUGNE – s.m. – Têtu.

TESTON – s.m. – Tête.

TETI – s.m. – Le bouchonnet utilisé lors des parties de pétanque.

TICOUS – s.m. – Se dit d'un individu tatillon qui fait une fixation sur des détails insignifiants.

TIMBRÉ – participe – Personne qui n'a pas toute sa raison, un peu folle ou inconsciente face au danger.

TIO – s.m. – Voir *tcho*. Féminin : *Tiotte*.

TIRE – s.f. – Pétarelle ou motocyclette de petite cylindrée "Prête-moi ta *tire* car je dois aller faire une course urgente".

TIRE-LARIGOT – expression qui signifie autant que l'on veut "Tu peux prendre des salades dans le potager, j'en ai à *tire-larigot*".

TIRENIFLE – s.m. – Mouchoir.

TOUPINAS – s.m. – Ustensile de cuisine. Casserole. Variante : *toupin, toupi* (en terre cuite).

TOURNICOTER – verbe – Tourner dans tous les sens, avec ou sans but précis. "Il y a un moment que l'agent *tournicote* il va finir par m'épingler".

TOURNIS – s.m. – Vertige, perte d'équilibre. Donner le *tournis* à quelqu'un par des attitudes vives et rapides. Le *tournis* peut aussi être provoqué par le récapitulatif des impôts et charges diverses à payer, mais dit-on, c'est pour la bonne cause.

TRABASTERI – s.m. – Travailleur manuel acharné et dur au labeur, qui ne ménage ni les autres, ni lui-même. Sa devise pourrait être : "La matinée avance la journée".

TRACASSIER – adjectif et nom. – Personne qui agace et excède autrui dans le seul but de se distraire à bon compte.

TRAPISTOU – s.m. – Petite fenêtre percée dans un mur épais, qui laisse passer une faible luminosité. Il est souvent complété d'un écorche-chat.

TRASSE – s.f. – Individu malingre qui donne l'impression d'être en mauvaise santé. On le dit aussi du matou épuisé par des nuits trop câlines.

TREMPE-CUL – s.m. – Nom donné à la libellule qui suit les cours d'eau.

TRIFOUILLER – verbe – Tripoter des objets d'une manière agaçante pour celui qui observe le *trifouilleur.* *Trifouilleur, trifouilleuse* : celui ou celle qui *trifouille.*

TRINQUE – s.f. – Outil destiné à l'usage agricole, précisément pour bêcher son jardin.

TRINTAILLER – verbe – Chanceler, manquer d'équilibre par ivresse, fatigue ou maladie.

TRIPE – s.f. – Vieille voiture ou vieille moto qui néanmoins reste un superbe tape-cul.

TROMPETAÏRE – s.m. – Joueur de trompette. S'utilise aussi pour décrire les joues bien remplies d'un enfant "Il fait plaisir à voir, il a des joues de *trompetaïre*".

TRONCHE – s.f. – Tête, visage. Très péjoratif il qualifie un visage ingrat ou patibulaire. Dérivé : *Tronchasse*, juron qui se prononce de façon syllabique pour en augmenter la portée.

TRONCHER – verbe – Action de faire l'amour.

TRONE – s.m. – Pot de chambre. Synonyme : *quéli*.

TROUFFIGNARD – s.m. – Orifice anal. Expression "En avoir plein le *trouffignard*" (en avoir marre); "Il en a pris plein le *trouffignard*" (nous l'avons eu).

TROUGNER – verbe – Faire la tête, bouder. C'est entre mari et femme que l'on peut *trougner* avec la plus grande des dextérités, et en toute quiétude. Le lecteur l'aura bien compris, c'est la finalité du mariage... Expression : faire la *trougne*. Employé aussi dans le sens exclamatif : quelle *trougne* !

TUCLE – adjectif – Personne qui a mauvaise vue ou qui n'y voit rien.

TURLU – s.m. – Mot énigmatique utilisé en expression : *être rouge comme un turlu*, pour qualifier une personne fort en colère ou écarlate sous l'action des rayons du soleil.

TURLUPINER – verbe – Préoccuper, se tracasser pour une chose.

V

VACHE D'UN – Juron exclamatif et approbatif. Utilisé par ceux qui ne s'écoutent pas parler à longueur de temps (et autres précieux). *Le vache d'un* est de toute évidence un terme parfumé au pastis. Variante : *Vache de.*

VALLA – s.m. – Fossé.

VANTARAOU – s.m. – Vent du Nord, qui gèle sur place les estrangers.

VEDEL – s.m. – Veau. Variante : *bédel* ou *bidil.*

VEJE (lou) – Regarde-le *"Veje lou,* il n'est pas beau lui !"

VENDEMIAIRE – s.m. – Vendangeur.

VENTAS – s.m. – Grand vent bien de chez nous qui chasse les miasmes de la vie moderne, régénère l'air ambiant et volatilise les concocteurs de procès-verbaux.

VIÉ – s.m. – Sexe masculin. Véritable institution de la tranquillité "ne me fait pas un *vié*" parle d'elle-même ; pour le lecteur non initié, traduire par : "fous moi la paix !... ne me fais pas une histoire !"

VINGUE – verbe – Venir.

VIRADOU – s.m. – Virage.

VIOLE – s.f. – Rien à voir avec l'instrument à cordes ou viole d'amour. La *viole* est une personne qui se distingue par son originalité et ses comportements peu communs. Comme on dit chez nous : "C'est la vedètte" (prononcer en laissant traîner le dè !).

VIRE-VIRE – Donner le tournis. "A force de me tourner autour, ce gamin me donne le tournis". Vieil outil utilisé en menuiserie pour faire des trous (un *vire-vire*).

VIRGINIE – s.f. – Courgette.

VIROULEGER – verbe – Se tourner dans tous les sens et pas forcément en parfaite logique. Se dit d'une personne qui se déplace sans but précis : il *viroulège*, utilisé pour décrire un état physique. "J'ai la tête qui tourne, ça *viroulège*..." Route sinueuse qui *viroulège*.

VISE – verbe – Regarder, remarquer. "*Vise*-le, comme il est bien habillé".

VOTE (la) – s.f. – Fête locale.

Achevé d'imprimer sur les
Presses de l'Imprimerie Christian LACOUR
en juillet 1992
Dépôt légal : juillet 1992